16歲的壯遊課

楊迷斯・印度

劉又誠・中國

展展・日本

甲思敏・墨西哥

小象・美國

伊娃・馬來西亞

Firas・敘利亞

張蘊之・他方

馬雅人・貝里斯

凱西女孩・澳洲、日本

連掌旭・義大利

詹依潔・伊朗

Contents

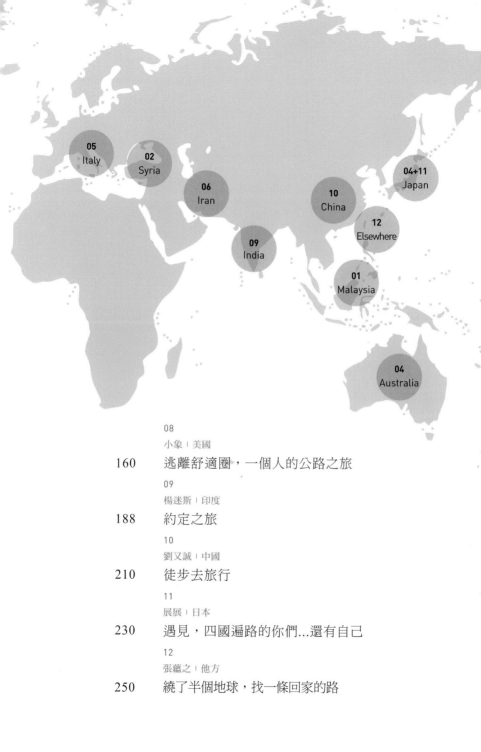

05
Italy

02
Syria

06
Iran

10
China

04+11
Japan

12
Elsewhere

09
India

01
Malaysia

04
Australia

序

伊　娃

　　旅行路上偶爾會遇見年輕的背包客，十八、九歲就離家到異國旅行。出門在外所有事都靠自己，從預訂機票辦理簽證、行程中的食衣住行育樂、生活上的打水煮飯……樣樣都得親力親為。除了獨立自主，他們各個口齒伶俐、能言善辯，無論人生經驗多寡，都勇於表達自己的想法，也累積了一身的好故事。

　　世界是最棒的社會大學，在異地旅行是讓人快速成長、學會生活技能最好的途徑。而我也是在每一趟旅程中逐漸建立我的三觀，訓練表達與溝通能力。

　　每每遇見，心裡總想著：「如果我十幾歲就開始旅行，人生不知道會是什麼樣子？不管長大後擁有多少，年輕永遠是最大的本錢。」

　　當我受邀成為本書的召集人時，腦中馬上浮現了路上這些青澀的面孔。我們的過去來不及改變，但也許可以藉由分享，在青年學子的心中埋下一顆顆種子，對世界有不同的想像。

　　花了一些時間找到十二位環球旅人，而他們幾乎是第一時間就接受提案，並且很興奮地與我聊起那一段段

深刻的旅行故事，彷彿看見他們旅行時的影像，那畫面栩栩如生。

不設限地揮灑文采，用不同的視角寫下十二個國家的旅行經驗，可能是人生第一趟旅程，或者對他們來說意義別具的國家。每一趟旅行都是一期一會，故事的場景人物、城鎮的氛圍與環境的氣味，所有發生的當下都是獨一無二、無法複製，是每一位作者用足跡踩出的故事。

看著一篇篇文章從發想到產出、編輯到修訂，多樣化的旅行經驗，生動地描述引人入勝的故事。閱讀文章時彷彿身歷其境，我的心情也隨之起伏。從二十四歲到四十四歲，從亞洲、歐洲、大洋洲到美洲，最後再回到台灣。旅程中有徬徨、有迷惘，有驚喜、有歡笑，還有意想不到的文化衝擊。

準備好要踏上旅程了嗎？在出發之前，不妨用十二位旅人的視角開啟對世界的想像。而在抵達之後，請拋下書中敘述的種種，放大自己的五感，用肉身體驗截然不同的文化。我們給予的不是釣竿，而是一條釣魚線，讓你帶著它走訪各地，拼湊出屬於自己的海洋。

下一次，換你寫下你眼中的世界。

1

仙本那

Jumpa Lagi

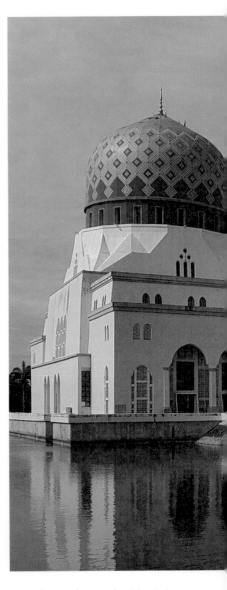

伊娃｜24歲｜2005｜馬來西亞

Malaysia

伊斯蘭教是馬來西亞的國教，四處可見清真寺。當地馬來人不吃豬肉，其餘牲畜在宰殺時需要經過特殊儀式。符合教規的食物稱為「哈拉」（Halal）或「清真食物」。

啟程，一個人旅行

　　沙巴位於馬來西亞東邊的婆羅洲，與我們熟知的吉隆坡本島[1]距離相當遠，從本島坐飛機要兩個半小時才能到。住在沙巴的家人在許多年前從台灣移居過去，至今落地生根也半輩子了。

　　在網路不發達的時代，國際電話又非常昂貴，即使是親近的家人，我們也甚少聯繫，只憑藉著他們每三個月一次的歸來，勾勒出沙巴的形象。

　　還沒去過沙巴的我，聽說沙巴陽光充沛，有許多海島、豐富的海底資源、各式各樣的人種，以及混合文化的異國美食，每年來訪的觀光客絡繹不絕。還聽說，野外有跟人一樣高的四腳蛇，但是牠們吃素，所以完全沒有攻擊性，反而害怕人類的追捕。

　　2005 年，畢業兩年時，終於存夠一張機票錢，在工作轉換期給自己一個月的時間到沙巴旅行。那是我第一次一個人出國，所以印象格外深刻，我坐上飛機心神不寧地等候著，窗外的景色移動速度越來越快，加速奔馳、上升、離地，瘋狂震動時心中既緊張又興奮的心情不可言喻。

自從班機起飛的那一刻開始，我對世界的認知從一片模糊到逐漸清晰，而生命的色調也從灰階慢慢著上不同顏色。

帶了二十公斤的行李箱，裝了很多書、很多衣服，還有一串肉粽與一塊用報紙包起來的鹹豬肉。裝的是家人的心意，還有對自己的眾多期望。沒想到下飛機時被海關攔檢，說著我聽不懂的句子，我猜想應該是詢問粽子裡面包什麼東西？是食物嗎？還是其他東西？這時才知道原來食物在跨國採檢時特別敏感，尤其馬來西亞是伊斯蘭教國家，對於豬肉製品格外敏感。鹹豬肉與粽子無庸置疑都是違禁品，但是我聽不懂也回答不出來，當時連英文都不會幾句，更何況是馬來話。

爸爸與當地朋友見我許久未入境，便衝了進來，三兩句就幫我解了圍。規定也許是嚴格的，不過海關並沒有很堅持，加上當年還沒有豬瘟的問題，換作是現在罰鍰可不少。

Note

1.馬來西亞分為東馬與西馬。西馬與中南半島相連，稱為「本島」，我們耳熟能詳的大城市如吉隆坡、檳城，都位於本島。東馬位於婆羅洲上，與西馬之間隔著南中國海。由於東馬在歷史上發展較遲緩，熱帶雨林覆蓋了許多面積，許多西馬人戲稱東馬「都住著猴子」。

夜車上的彩色世界

「哥哥住在仙本那（Semporna），妳先過去跟他玩一陣子吧！」簡單吃過晚飯，爸爸帶我去坐車。

沒想到這趟夜車成為我人生中最驚恐的一段路。

DYANA 是當地最大的巴士公司，外觀新穎、座位舒適，而且空調特別強，可以說是全沙巴最寒冷的地方。傍晚七點半坐上車，先是被強風吹得直發抖，接著被車內的景象震懾。一班黑壓壓的長途夜車，燈光昏暗不說，巴士上四十五位乘客每個都不同顏色，他們看到一個華人女子上車，全都張大眼睛直盯著我看。我默默地坐在自己的位置上，當時內心的恐懼仍記憶猶新，總覺得這巴士很不安全。

第一次出國，當年在台灣也鮮少看到外國人，才會把有色人種與危險畫上等號。事後發現種族歧視竟然在我的觀念中根深蒂固，用人種、膚色來評斷我們眼中的「外國人」其實非常不公平。而這種因為不認識或不了解產生的刻板印象，必須親身體驗，撞擊出火花再慢慢弭平。當然，心中這些誤解在日後無數次的旅程中，逐漸洗刷了他們的冤屈。

　　半夢半醒之間，不知道過了多久，巴士停在一間餐廳前稍做休息，所有人都下車了，我在睡夢中醒來也跟著下車。「到站了嗎？」看了看時間也才半夜十二點，我想應該是中途休息而已吧！

　　這是一間非常老舊的餐廳，昏黃的燈光打在蘋果綠色的塑膠桌椅上。看到司機大口吃著他的餐點，我挑一張椅子坐在他附近，心想只要跟著他就不擔心被丟包。司機看我一個人旅行，特別提醒我車票可以換一份餐點。我看了一眼櫥窗裡烏漆墨黑的食物，怎麼樣都提不起胃口，於是換了一杯熱美祿，草草喝完就上車。

　　凌晨四點半，終於抵達目的地仙本那，比預期時間提早了一小時，我拉著行李在路邊等候，許多當地人過來攀談，依舊說著我聽不懂的馬來話，我猜想他們是問我要不要坐車，我用粗劣的英文回答：「I'm waiting for my brother.」

　　清晨時分陰暗的車站，等待的每一分每一秒都是種煎熬，當恐懼堆疊到極致時，轉角出現一輛大貨車，上面坐著熟悉的臉孔，終於結束了這一小時的手足無措。

「有家人的地方就是家」，即使是個陌生的國度，有哥哥在感覺踏實許多，說也特別，從碰面的這一天開始，他與我分享沙巴生活的種種，從此在沙巴未曾感受到恐懼或不安。

　　旅程中的擔心與害怕常常都是由於不了解，有時候甚至是缺乏溝通產生的誤會，既然如此，何不踏出第一步去嘗試了解？

由於西巴丹島聲名大噪，帶動了仙本那當地觀光，潛水客搭乘動力船到外海船潛，中午在船上簡單用餐。

外國人的潛水聖地，本國人的漁村日常

「仙本那」是沙巴東部的一個小漁村，外海有許多島嶼，蘊含著豐富的海洋生物，近年來許多外國潛水客慕名而來，這個小鎮才逐漸被看見，著名的潛水點「西巴丹島」（Pulau Spidan）就在仙本那外海處，潛水客票選為世界五大潛點之一，海洋學家更譽之為「未經破壞的藝術品」。正所謂母憑子貴，當地潛水店從一家老字號的 SCUBA JUNKIE，發展至今日已有近二十間，而整個小鎮也在短短十年間蓬勃發展。

潛水店聚集在海邊，方便潛水客上下船與裝備的移動，這一區也開了大量的餐廳與旅店，來自世界各國的觀光客大多在此出沒。我想，若不是有西巴丹島，也許仙本那就只是沙巴眾多平凡的漁村之一，永遠不會被外界所看見。

然而潛水店僅僅是仙本那很小的一個區域，小鎮的另外一邊，上演著當地人的日常生活。仙本那的華人、馬來人、菲律賓人、印尼人、印度人……各自有生活圈，互相交雜卻互不干擾，平時一派祥和，當有衝突發生時，才會發現原來生活在同一個小鎮的人們，來自不同國家與文化背景，有時候甚至形成派系，倒不是結黨作亂，而是物以類聚，更像是我們讀書時自然形成的小團體。

哥哥二十出頭隨著父親的腳步來到沙巴，起初跟著船員一起出海捕魚，後來發現當地漁民捕魚的效率更好，於是從漁夫變成商人，據點也從沙巴首府亞庇（Kota Kinabalu）移居到仙本那。

　　哥哥的「工作室」在仙本那東邊，是另一種繁榮光景。碼頭邊有一個加油站，方便出海的船隻打油，一間規模適中的五金雜貨店，一間製冰廠，看似簡單的碼頭，卻提供了工作上所有的需求。漁民們駕船出海捕魚，少則一兩日，多則三五日，載著滿滿的漁獲回來，都會先到哥哥的工作室兜售，據說這邊的價錢最好。

　　工作室只有兩坪大，是水上屋的其中一個小格子，裡面放著一個磅秤，一塊白板寫著不同品項的價格，就這樣開店做生意了！買來的漁獲整理好裝箱，到隔壁製冰廠買碎冰，灑上鹽巴保鮮，連夜寄到沙巴首府亞庇[2]。

　　高職畢業的哥哥，被放在一個莫名其妙的小漁村生活，不只要迅速學會用馬來話溝通、融入當地的文化，還要確切地執行商業模式，令身為「觀光客」的我著實吃驚。看著他用流利的馬來語與當地人說說笑笑，不知道是否可以說是如魚得水。

Note

2.仙本那收來的漁獲會寄到沙巴首府亞庇，銷售到各大餐廳，當地最受歡迎的為「斑」類魚，七星斑、薹石斑、老鼠斑等都是高單價的漁獲。

當地居民划著木板船出海捕魚，出門一趟都要幾天才會回來，至於能否滿載而歸，不僅需要經驗與技巧，也要看老天是否賞臉。

哥哥常說：「就是換個地方過生活。歸零，是學習異國生活最好的方式。」

這個工作室只花錢不賺錢，拿到的所有漁獲都必須現金交易，每天背著滿滿的現金來上班，花光了就可以下班。漁民兜售都是金錢導向，誰有馬幣現錢、誰的價錢好就賣給誰。說也神奇，世世代代捕魚為生的居民真有兩把刷子，一艘木板船只能容納一至兩人，開到外海去不僅能抵擋大風大浪，還要找到經濟價值高的魚種，這可不簡單。

我每天在碼頭旁觀看交易現場，總有某幾位漁民特別厲害，每回出現都會帶著滿滿的現金與微笑離開，看得我津津有味。某一次這位厲害的漁民出現，又是滿滿的高單價漁獲，拿到一千多馬幣之後，消失了大半個月，等到錢花完了，才看他又出現。這可是名符其實的「三天捕魚，兩天曬網」。

　　（在 2005 年當地人做工的薪資約為一個月三百馬幣，一千多馬幣等於是三個多月的薪資。）

雜貨店是碼頭的經濟命脈

　　當地也有領月薪的人，哥哥的工作室請了一位員工傑克，一家子住在對面的水上屋，也只有兩、三坪大，一家五口吃喝拉撒都在那一丁點空間裡。我們與傑克一家人相處融洽，有時候太陽太大，傑克的太太 Brenda 會邀請我進屋裡坐，躲避中午的艷陽。

　　不同於華人的儲蓄習慣，馬來西亞人「借支」的風氣相當普遍，每三、五天借一點，在發薪水時通常已經借支了大部分薪水，僅剩的一點也會在發薪水當天就花完。我們也入境隨俗，允許合理的借支，只要把每次的數字記錄好就沒有問題。

漁民們也有借支習慣，他們最大的債主就是雜貨店。

「小胖老闆」是雜貨店第二代，當然只有熟識的華人會這麼叫他，面對眾多的在地漁民他可是鐵面無私，幾乎每天都板著一張臉，只有看見我們時會露齒微笑。

這也難怪，這是碼頭唯一一間五金雜貨店，每天來店內的漁民從數十位到數百位。小胖老闆手上一本厚厚的簿子，記錄下每一位賒帳漁民的名字、欠了多少錢。至於是否讓他們賒帳，就要看這位漁民的信用，小額借支通常都會允許的，先用來買生活用品與出海捕魚的消耗品，之後捕到魚再來償還。

小胖老闆的父親是位和藹的中年人，每次看到我都笑咪咪的，他每天閱讀一份《華文日報》，看到關於台灣的新聞時會跟我多聊兩句，海外的華人最關心的還是台海關係。「這個中國如何如何……這個總統如何如何……妳覺得……」對於當年只有二十四歲的我，國際關係一概不知，實在說不出什麼有建設性的論點。

我幾乎每天都會到雜貨店裡借廁所，有幾次忘了帶衛生紙需要跟老闆借，他也都笑咪咪地遞給我。終於有一次他忍不住問了一句：「用這個紙衛生嗎？」我才恍然大悟，當地人習慣在如廁後水洗屁股，在我們看來不怎麼衛生，對他們來說用廁紙才不衛生。

「左手擦屁股，右手拿食物」是當地人的習慣，所以遞東西給別人也必須用右手才不失禮貌。

　　當地華人多半是明代鄭和下西洋時期移民過去的，數百年來與當地文化交融，雖然仍舊保有華人的性格，許多習慣也漸漸在地化。如廁後水洗的習慣從中東伊斯蘭教國家傳過來，現在台灣許多人也開始有水洗的習慣，但在 2005 年仍然是相當驚人的文化差異。

仙本那的水上屋，當地居民一家子就住在同一個屋子裡，吃喝拉撒都在這幾平方米的空間裡。

馬來餐廳：華人畫地自限

我們每天早上六點起床，上班的路上吃一客經濟飯，這是馬來西亞的傳統早餐，可以選擇兩樣菜，加上主食炒麵或炒米粉，通常會再搭配一杯熱茶。對於這樣的「傳統早餐」我一直未能習慣，吃了兩次以後我任性地問：「有沒有其他選擇？」於是接下來的日子哥哥帶著我嚐遍各種在地料理。

對於飲食，哥哥一直是非常前衛的，國中開始就常常進廚房烹煮「創意料理」，有一半的創意相當驚人，另一半則是非常嚇人。住在仙本那的這些年，哥哥把每一攤小販都吃遍了，等到我來訪時，熟識到可以細數每一間餐廳小販都賣什麼，食物的成分、來由以及優劣。有在地的親友在，我可以坐享其成、去蕪存菁，吃盡在地美食。

中午休息時，我們會到潛水店附近的餐館區用餐，我最喜歡的是奶油蝦飯，新鮮的蝦仁裹粉酥炸，佐以酸甜的奶油醬，加上一碗飯，簡直美味極了！晚餐的變化更多，如果當天收到喜歡的魚，下班後我們會帶著殺好的魚，到街上的露天餐廳請廚師幫我們料理。當然，廚師也是哥哥嚴選的。「這一間的廚師最厲害，什麼口味都能做。」兩條魚再加點幾樣蔬菜，就是豐盛的一餐。

如果剛好沒有魚，或是吃膩了，我們也會到夜市去逛逛，吃吃當地的燒烤（Panggang），或是印尼攤位賣的加

多加多（Gado-gado），這是一份清爽的冷盤沙拉，切成正方體的冷飯糰，上面佈滿了新鮮蔬菜，加上豆芽菜與半顆水煮蛋，最後淋上花生醬，兼具清爽美味與健康。

Panggang 在馬來話意指燒烤，是他們最愛的平價美食，當地最暢銷的是雞翅，當他們說要吃 Panggang，通常代表吃烤雞翅。攤位上還可以看見雞腿、雞胸、雞胗、雞心等等，不過銷量遠遠不如雞翅。新鮮現烤，加上醬油底的微辣醬料，美味至極！燒烤加上加多加多，是我最愛的仙本那小吃。

除了在地小吃，當地最夯的速食店是肯德基[3]，馬來西亞號稱擁有全世界最好吃的肯德基。由於速食店消費較高，去肯德基用餐被列為一種高級的享受，只有在週末或特殊節日才會舉家前往。

某幾天潮汐狀況不佳，出海捕魚的船隻較少，工作室門可羅雀，我們白天索性關上門四處溜搭。路過仙本那主要碼頭，繞到市場後面，再經過曬海參的店家，有一條小巷裡面密密麻麻都是餐廳，門口擺著一包包小菜，哥哥買了一包涼拌魚生[4]、兩條木薯飯[5]。

「這是馬來人的小吃，可以試試看，味道很豐富。」哥哥說。

走回市場的路上，正好遇見一位華人朋友，看見我們手上的木薯飯，輕蔑地說：「那邊是馬來人吃飯的地方，我們本地華人不去。」事後聽哥哥描述，仙本那的華人有股傲氣，許多人都只吃某幾間他們認為匹配得上身分的餐館，印度餐還偶爾會吃，而馬來餐館對他們來說是最低等的，有許多華人一輩子都未曾踏足，倒不是治安不好，只是基於華人的優越感。

關於這一點，我贊同哥哥的立場：「美食不分文化種族，只要好吃就是王道。」

Note

3.馬來西亞是多宗教、多種族國家，伊斯蘭教徒不吃豬肉、印度教不吃牛肉，其他連鎖速食店較難打入市場，以炸雞為主的肯德雞，數年以來位居第一的寶座屹立不搖。

4.魚生是粵語生魚片的意思，馬來文為Kilau，為沙巴州巴瑤族的傳統美食，涼拌清爽的小菜，通常與燒烤一起食用。製作方式：取新鮮魚肉切薄片，生薑、芒果青、洋蔥切絲，佐以新鮮辣椒，最後加入檸檬汁攪拌醃製，靜置二十分鐘即可食用。雖為生魚片，製程中被檸檬汁醃「熟」了。

5.木薯為根莖類植物，種植、生長快速，在馬來西亞田野間都很容易取得，許多國家在戰亂時大量食用，華人對於木薯的鄙視像是我們早期說的：「窮到只能吃地瓜。」

Jumpa Lagi 時光靜止的仙本那

偶爾我們也到鎮上去閒逛，仙本那的鎮上只有兩條街，日常用品大多是品質粗劣的中國製品，五金行、雜貨店、飲料店應有盡有，可以說是麻雀雖小五臟俱全。在這裡住久了，生活變得相當簡樸，頂著大太陽，每天的穿著不外乎短褲拖鞋，兩件上衣交替著穿也就夠了，我從台灣帶來的二十公斤行李，大部分都用不上，原封不動又帶了回去。

二手攤是我最喜歡的地方，兩條街交會處有一區帆布搭建的市集，所有的二手衣物都來自日本與韓國，本地人對於品牌的認知非常狹隘，除了 Levi's 牛仔褲以外，其他牌子都看不懂，我們常常在這邊挖到寶，找到物超所值的商品。大部分商品價格都是馬幣個位數，買多一點還可以講價。

某一回我們挑了兩件 T-Shirt 詢問價格，店員說：「這個五元、那個七元。」

哥哥試著殺價：「兩件十元可以嗎？」

店員知道我們要殺價，皺了皺眉頭，說：「好吧！不然這件三元、那件五元。」

我們支付了八元馬幣就趕緊離開。總聽說馬來西亞人數學不怎麼好，這次我真切地體驗到了。

　　雖然數學不好，大部分當地人都非常熱情友善。有一天碼頭來了兩個歐洲人，經過水上屋居住區，走到了加油站，坐在甲板上休息看海景。我想他們大概是迷路了，或者想四處探索，因為這一區除了我沒有任何觀光客會來訪。

　　碼頭上所有人的目光都集中在這兩個歐洲人身上，哥哥的員工傑克不動聲色地坐在距離他們兩公尺的甲板上。接著一步步靠近，我看到他們交談了幾句，傑克興奮地跑回來找我。

鎮上的居民穿著伊斯蘭教服飾，即使是小朋友也不例外。

四腳蛇通常在淺水區出沒，偶爾也可以在野外遇見，無毒無害也無攻擊性。據說四腳蛇燉湯可以清肝解毒，華人特別喜歡。

「法國在哪裡？」傑克問。

「在歐洲。」我說。

「歐洲在哪裡？」傑克繼續問。

「在一個很遠的地方。」

　　傑克的英文不怎麼好，這我是知道的，我想他的地理應該也不怎麼好。我們用旅行來拓展世界觀，而在馬來西亞偏遠的鄉下地方，世界對他們來說不知道是什麼樣貌？

常常在旅行中有所感，我們追求生活品質、追求夢想、追求生命的意義，極盡所能探索世界，而在仙本那的小漁村裡，兩坪大的空間就是他們的世界，出國旅行是一輩子也無法達到的境界。

這一個月的相處，讓我對居住在馬來西亞各民族有了粗淺的認識。離開的那天我非常不捨，總以為這一別就是永遠。當地朋友說：「在馬來話裡我們不說 Goodbye，我們說『Jumpa Lagi』，意思是 See you again。」

許多年後，我帶著幾個朋友再度回訪仙本那，店家變多了，碼頭也熱鬧許多，我把當年的路徑重新走過一遍，在餐廳遇見小胖老闆，他微笑說：「來舊地重遊啊！」在彩券行前面，遇見傑克的太太 Brenda，她拉我進去辦公室吹冷氣。好像當年的我從未離開過。

即使時空更迭、物換星移，仙本那卻像被放進冷凍庫裡低溫保存，依然像我剛認識她時純淨美好。

伊 娃

懷抱夢想的自由旅人，不想在重複的人生中年華老去，三度遞辭呈出走，立志成為流浪人。獨自一人環遊世界，足跡遍佈50+國，決定把背包旅行的精神分享給大家，2018年帶十個媽媽玩歐洲24天，從此愛上半自助旅行。

f 伊娃慢遊記

2

天堂的國家
最接近

Firas ｜ 25歲 ｜ 2010 ｜ 敘利亞

Syria

敘利亞最著名的地標——帕蜜拉古城。

被經濟制裁的國家

二十五歲那年的冬天，一個我從沒聽過的國家，改變了我的一生……

什麼？敘利亞？有沒有搞錯，你要去敘利亞留學？

敘利亞，一個大家眼中充滿戰火、難民與恐怖份子的國家。然而在 2011 年內戰之前，敘利亞是一個怎麼樣的國家呢？

美國前總統小布希曾指出，敘利亞是邪惡軸心（Axis of Evil）的國家，意指支持恐怖主義的國家。這個國家不產石油也沒有天然氣，沒有豐富的天然資源，卻被西方經濟制裁數十年！到底真實的敘利亞人民過著怎麼樣的生活呢？

2010 年冬天（敘利亞內戰前），我拖著一個大行李箱，手持一張由當地公司簽發的邀請函，在無簽證的狀況下，在小港機場被迫簽下切結書，開始了這趟漫長的旅程。

台灣—香港—約旦—阿勒頗—大馬士革，這趟長達四十小時的飛行，三次轉機、兩間過境旅館、簽了三張切結書。為期一年的敘利亞留學就在一切都充滿不確定的情況下，展開了旅途。

神祕的清真寺語言學校

抵達大馬士革的第三天，在台灣學弟的幫忙之下，前往 Abu Nur 清真寺語言中心報名課程，填寫報名表的時候，遇到了第一場文化衝擊！個人基本資料都沒有問題，可當我寫到住址的時候，筆尖停頓了一下……

「這個要怎麼填？」我轉頭問問學弟。

「就填住在 Abu Nur 清真寺前面。」學弟跟老師詢問之後，如此回答我。

「咦～你在跟我開玩笑嗎？清真寺前面這座山丘，少說住了數千戶，填寫住在清真寺前面是對的嗎？」

學弟笑笑跟我解釋，因為在敘利亞是沒有門牌地址的，所以他們的地址都是寫住在某個區域。

「等等……這樣信件寄得到嗎？」我再度提出疑問。

「相信敘利亞的郵政系統吧！肯定寄得到～」學弟這麼說。

「Masha'Allah.」表達驚奇、讚美、感謝、感激或喜悅之詞。

在清真寺遇見説要把女兒嫁我的敘利亞家庭。

以非穆斯林的身分進入清真寺學校唸書，是一件非常酷的事情！

簡單介紹一下我的同學們，班上除了一個跟我一樣誤闖叢林的韓國小男生以外，其他全是戴著小圓帽的穆斯林朋友，多半都是中亞塔吉克、吉爾吉斯等國家十多歲的男孩，他們的身分可能是教長[1]的小孩、或未來回國要進入神學院就讀的孩子。

在清真寺裡學習語言想當然耳許多教材會與宗教有關，記得有一次在考期末考的時候，一道考題真的是讓我苦笑無言……

「你去麥加朝覲[2]的時候會做什麼？」

我轉頭跟坐在旁邊的韓國同學互看一眼……再轉過頭看著老師……緩緩地舉起手——

「老師！我們不是穆斯林，不能去麥加朝覲。」

課堂的下課時間，老師通常會帶著學生朝著麥加方向進行禮拜（Salaah），非穆斯林的我也常常被老師抓去進行禮拜，老師手把手地教我該如何進行小淨[3]，在禮拜堂裡，跟著眾穆斯林同學們一起向真主祈願，祝福一切平安順利。

Note

1.教長：是擔任伊斯蘭教的宗教禮儀、宗教教育、宗教事務的老師，亦是清真寺的負責人。通常是在該地區宗教場合的宗教首領或德高望重的長者。教長通常兼具多個角色，包含教授古蘭經的教義知識、主持婚禮、葬禮、為嬰兒祝福祈禱等事務。

2.朝覲：伊斯蘭教規定每一位身體、經濟狀況良好的穆斯林，一生至少要去麥加朝覲一次，但非穆斯林不得進入麥加。

3.小淨：穆斯林在進行禮拜前需要用清水清洗雙手、漱口、洗鼻、胳膊、頭、足。

信仰虔誠的人民

「我跟你說喔！身為外國人，走在路上會有人塞錢給你。」在開始展開敘利亞生活前，就有聽學弟這麼說。

一開始我還完全不信，想說學弟應該是開玩笑。

某天午餐過後，我走路要去韓國同學家寫作業時，迎面走來一個穿著素色長袍的男子，從口袋掏出一張五百元敘鎊（約台幣三百五十元）塞進我手中，當下我一臉震驚地又把錢塞回他手裡，兩人就這樣一來一回，最後男子直接把鈔票塞進我胸前的口袋，丟下一句「幫助了你，以後阿拉會還給我……」然後快步離開。

我就這樣站在大馬路上愣了兩分鐘，沒想到塞錢這件事不是傳說！

還有一次我帶著未來一個月的生活費要去換錢所換成敘鎊，中間去了一趟網咖跟家裡報平安。走出網咖搭上公車，要投幣的時候摸摸口袋，咦？我的皮夾呢？怎麼不見了！

驚嚇的我趕緊跳下公車，沿路回去找……但可想而知是找不到了。

　　掉皮夾這件事最讓我煩惱的並不是錢掉了！而是裡面有一張醫生開給我的過敏藥源單，那是在海外看醫生時一定要給醫生的，這張紙對於一堆藥物過敏的我來說，是絕對不能掉的護身符啊！

　　但因為距離回台灣也剩下最後一個月，只要我在這一個月好好照顧身體別生病，回台灣再請醫生重開即可，於是這件事也就漸漸地被我淡忘了⋯⋯

　　過了六個月，突然有一天，學妹的訊息從我的手機跳了出來⋯⋯

　　「學長，我下星期的飛機回台灣，你的皮夾在我這邊，等回台灣我們約一下還給你。」

　　「什麼！？妳在跟我開什麼玩笑嗎？我的皮夾怎麼會在妳手上？」

　　原來，當時有個敘利亞人在路上撿到了皮夾，打開後看了一下證件，發現是個華人，就把皮夾送去 Abu Nur 清真寺，交由校長保管。

　　接著某一次賴阿姨去清真寺做禮拜，校長拿出皮夾問她認不認識這個男生。賴阿姨是嫁到敘利亞的台灣人，協助我們這些留學生申請敘利亞邀請函。

「這孩子我認識，皮夾交給我吧，我來處理。」賴阿姨看了看證件上的照片這麼說。

於是皮夾就這樣輾轉地交到學妹手中帶回台灣給我。

當我拿到皮夾後激動地打開它，裡面的證件、錢、過敏藥單全部都在！我永遠忘不了當下內心的感動，這個皮夾裡裝的錢足夠一個敘利亞家庭生活一個月。歷經了這麼多人的轉手，最終回到我手上卻一毛錢都沒有少……

敘利亞人民的善良，真的讓我永生難忘！

敘利亞老師設席宴請台灣學生。

到敘利亞人家中作客

善良的敘利亞人們最喜歡邀請外國人去家裡吃飯了！在逐漸融入敘利亞的生活、也結交了許多當地朋友之後，開始會收到許多敘利亞朋友的邀約去他們家中作客。

敘利亞人對於招待朋友去家裡作客，可不是煮個三菜一湯這麼簡單的。一旦你接受了敘利亞朋友的邀約，敘利亞媽媽就會從中午開始在廚房忙碌著……從前菜的沙拉拼盤、中東烤肉串、到敘利亞船型披薩、主菜再來一盤視覺衝擊超大的烤羊腿手抓飯、飯後甜點、冰淇淋等，整個陣仗就跟辦桌沒兩樣。

等所有菜都準備好之後，他們直接在地板鋪上一層塑膠布，食物豪邁地擺滿地。所有人圍繞著食物席地而坐，開始享用美食。

用餐完畢之後，敘利亞媽媽會帶著女眷們開始做餐食的善後，而男主人與客人就圍坐在客廳，繼續聊天，接著水果、茶、果汁、汽水陸續端出來……

一個沒把你肚皮撐破就是我待客不周的氣勢啊！

來自土耳其、比利時的室友們。

　　和敘利亞家庭聊天，最有趣的莫過於宗教的討論，對敘利亞的人民來說，生下來即自動成為穆斯林，在他們眼中最好奇的莫過於多神信仰與台灣的宗教信仰，因此在餐後的交流有很大的比例是在介紹台灣這個國家與宗教信仰。

土耳其室友辯論賽

生活了大概四個月之後，班上一位土耳其同學邀請我搬去和他一起住，當時室友總共有四人，一個土耳其人、一個在北京留學過會講中文的土耳其人、一個比利時人、一個台灣人。

那是一個多語言的居住環境，阿拉伯文、英文與中文三種語言並存的生活空間！也感謝這個時期奠定了我往後多語言溝通的基礎。

我們四個人都是在學習阿拉伯語的學生，因此我們盡可能使用阿拉伯語溝通。而為了增進語言能力，我們設計了一系列的辯論賽，在晚餐之後開始進行辯論，最後輸的人要去洗碗洗衣服。

印象最深刻的一次就是在辯論宗教的內容，當我向這些穆斯林室友們介紹台灣的宗教信仰，台灣有玉皇大帝、觀世音菩薩、媽祖、土地公等多種神祇信仰……

這個時候，我的同學丟了一個問題給我：「如果雨神今天說要下雨，但玉皇大帝說不准下雨的話，那該聽誰的呢？」

聽到這問題的當下，我突然停頓思考了一下。

「當然是聽玉皇大帝的話啊！他是最大的！」

這個時候我的同學緩緩地說：「你看！你猶豫了……在我們的信仰之中，完全沒有這個問題，因為世上唯有真主阿拉，他決定了世界上所有的大小事情。」

「OK! You win~」

當然，在不同的宗教信仰之下，每個人都會有不同的看法與意見，而我在與這些同學們相處的過程中，開始建立自己的國際觀、學習包容與尊重……

這個世界長什麼樣子，取決於你用什麼角度去看待！

男生也會被性騷擾

來到中東世界之前，從來沒有想過男生也會被性騷擾，不是只會發生在女生的身上。

在敘利亞生活了六個月左右，來了幾位台灣學妹，而身為學長我有責任帶著學妹們熟悉環境。

有一回我們到附近的市集走走逛逛，在市集的圍巾店裡，幾個學妹正興高采烈挑著美麗的圍巾，我也就一個人四處翻翻，挑一些好看的男生圍巾準備回台灣時送給朋友。

這時候，一個高高瘦瘦的男性店員走了過來，對我很熱情地招待、推薦著。

當我挑選了一條好看的圍巾正準備要試戴，這位店員就過來教我中東圍巾的正確戴法，幫我圍好圍巾之後又順手整理一下我的衣服。

突然間……我依稀感覺到下體有被觸碰的感覺，但我的直覺告訴我，他可能是不小心碰觸到的，或許是我太過敏感了。

而後面陸陸續續又試戴了幾條圍巾，都隱隱約約有被觸碰的感覺，但我都告訴自己男生應該不會故意摸男生吧，不要想太多……

直到我試戴第四條時，我背對著男店員自己照鏡子圍圍巾，此時我竟感覺到有一隻手直接從後面伸過來抓住我下體……當下一股恐懼、噁心的感覺湧上心頭……我立刻把手中的圍巾往地上一丟，帶著學妹們離開圍巾店。

每當我回憶起這段故事，都會有一種很不舒服的感覺。我心中責備了自己無數次：「你怎麼掉以輕心了！？」

　　男店員前幾次的觸碰也許就是在暗示我，而我沒有在第一時間制止他，反而讓他碰觸了好幾次，最後讓他認為我已默許他的行為，大膽地做更進一步的動作。

　　當然店員的行為是要被譴責的，但如果我更謹慎一點是不是就沒事了呢？

　　世界上沒有絕對安全的地方，不管去到哪裡，都要以安全性為第一考量。

踏進美索不達米亞平原

　　2010 年伊斯蘭曆的宰牲節，學校有一個禮拜的假期，我帶著四個學妹前往敘利亞東北方的代爾祖爾，這個城市位於兩河流域的幼發拉底河河畔，擁有眾多古蹟，是敘利亞著名的旅遊景點。

　　抵達當晚，我們到河邊散步，而當走上連接兩岸的吊橋時，我們罕見的亞洲臉孔果不其然又引起了當地人的注意。

　　一群十幾歲的年輕人，就在我們後面尾隨著，嘰嘰喳喳講著些惱人的話。

其實這在敘利亞很常見，畢竟他們可能這輩子第一次看到黃皮膚直頭髮的東方人[6]，所以我們也都很習慣了。

然而就在這個時候，我聽到一個年輕人說：「One, two, three, four......FOUR!!! Brother you are Good. Good. Good.」

真的是白眼都翻到天邊去了……

於是我就轉過身去跟年輕人說：「YES！One, two, three, four......FOUR! I know I am Good.」

我跟這些敘利亞年輕人表示，這些女生通通都是我的妻子。

其實當下也不是要佔學妹們便宜，而是在中東國家隻身旅行的女生，有非常大的可能性會被當地男生騷擾。但是絕對不會在身邊有丈夫陪同出遊之時，還去騷擾人家的妻子，所以當時的做法是為了保護學妹們的安全。

而這件事情也在我們之後的茶餘飯後閒聊中，常被學妹拿來調侃……

Note

6.在敘利亞普遍以「Asian」來稱呼黃皮膚的亞洲人，雖然他們的地理位置也是亞洲，但若追溯 Asian 的詞源，可發現其語境中的「東方」意涵。

代爾祖爾宰牲節殺羊實況。

在代爾祖爾的第二天早晨，我們被一抹奇怪的味道給喚醒⋯⋯

梳洗完畢後，我們上街準備吃早餐去，一走出門就被眼前的一片鮮紅給驚呆了！

家家戶戶門口都掛著羊，街上流滿了羊隻的鮮血，甚至還可以看到屠夫們正舉起刀從羊兒的喉嚨劃下去⋯⋯

天阿！這是宰牲節！在課本上看過無數次的代表中東節慶的宰牲節！

伊斯蘭教義告訴信徒們，如果你的家中是有能力的，在宰牲節這一天要宰殺一隻羊，並且將肉分享給身邊家境比較不好的鄰居或親友。

然而宰牲的這個傳統，在現今的中東大城市之中，已經不太可能看見了。取而代之的是請屠宰場代殺，並將肉分裝好直接送至家中。

雖然親眼看見宰羊感到震撼，但因為實在太罕見了，內心既恐懼但又無比興奮。我們是何等的幸運可以在宰牲節這天親眼目睹這個場面！

原來身邊的朋友是臥底警察

敘利亞當時因為跟鄰國以色列關係並不好，加上受到西方各國的經濟制裁，因此在剛抵達時就有學長提醒我說話要小心，有一些關鍵的字詞絕對不可以提起，小心隔牆有耳，不然哪一天被抓走都沒人知道。

當時有點不以為意，因為我很單純就是個留學生，完全沒有任何政治宗教立場，應該不會有事吧！

直到多年後回到台灣，和幾位學弟妹聚會聊天時，才知道那時候我們每天下課都會去的果汁店小哥，真實身分就是一個臥底警察。

這聽起來會覺得有點不寒而慄，因為小哥當年對我們非常照顧，也是真心把我們當成朋友，週末會開車帶我們上山看夜景，當我們在大馬士革生活上遇到一些無法解決的事情，他也都義不容辭地幫我們處理。

集權國家或多或少都有臥底警察這種組織，我們只能保持單純、簡單化自己的交友圈、避免出入一些複雜的場所，盡可能地保護好自己的人身安全。

敘利亞，人生轉捩點

在敘利亞留學這段時間，可以說是改變我人生最重要的一個轉捩點！

因為去留學精進阿拉伯語，而後開啟了我外派中東國家長達五年的精彩人生，每每想起這段回憶，我都非

常感謝當年的自己有足夠的勇氣，踏出這關鍵性的一步，才能擁有後來這麼多難忘的故事。

我是如此有幸可以親眼看見內戰前美好的敘利亞，這個在我心中最接近天堂的國家！也證實了這個國家並不是媒體所說的如此邪惡、恐怖、危險。

當然，敘利亞從 2011 年茉莉花革命之後，開始陷入了混亂的內戰，帶走了無數的生命，人民流離失所，大量的難民造成了許多國家的社會問題。同時也讓敘利亞被標上紅色警戒，成為不宜旅遊的國家。

我常在想，當你有個夢想想去追逐時，也很清楚如果現在不做這件事，未來的自己絕對會終生遺憾時，那麼就勇敢地去追夢吧！

Firas

在中東世界打滾了七年，從學生身分走入職場，生命歷程與中東二字是完全綁在一起。不是穆斯林卻著迷於伊斯蘭文化。因受疫情影響，身分又從商人搖身一變成為旅遊Podcaster，用聲音記錄自己的旅遊故事，介紹中東文化及分享對旅遊的熱情。

🅕 旅行快門 Travel Shutter

3

滯台馬雅人的返鄉之旅

馬雅人｜26歲｜2013｜貝里斯

Belize

瓜地馬拉與貝里斯邊境叢林中的兩座馬雅神廟。在今日的考古研究下，我們知道其實古代馬雅人很大程度改變了地貌。看似原始的熱帶雨林中連串突起的土丘，可能都是馬雅先人的城市。

在十六歲的時候，你有旅行的夢想嗎？

網路在今日已經如同呼吸般，是個再也自然不過的事情了。在我十六歲的時候，卻是新時代的里程碑。網路就像一條真正的大路，帶著我穿越時間與空間的隔閡，進入台灣人很難觸及的馬雅世界。

立志成為馬雅文化研究者的我，有朝一日能夠前往馬雅世界，絕對是人生的第一個夢想。那裡是瓜地馬拉、墨西哥、貝里斯、宏都拉斯、薩爾瓦多的高山與熱帶叢林。一片浩瀚無垠的綠樹海上，漂浮著灰白色石頭的馬雅神廟島嶼。城市建築、石碑祭台如同傳說中沉入藍海的亞特蘭提斯，淹沒在綠藤樹木的綠海中。點開網路，「哇！旅行社報價，中南美洲十國一趟二十九萬，馬雅遺址只去了奇琴伊札（Chichen Itza）」。

關掉網頁，我暗自想著：「我這個馬雅文化基本教義派，花了這麼多錢，怎麼能只去看一個馬雅遺址呢？」我就立志，有一天我一定要去馬雅，不但看神廟，還要去挖馬雅遺跡。如此宏大的願望，就是用如此稚嫩的修辭在我的心中宣告。

我開始默默地研究馬雅文化，並且發誓變成台灣最強的馬雅文化研究者，默默地等待一個機會。

機會的開端

沒想到，機會很久之後才來。十年後，2012 年馬雅末日預言席捲全球。不少人深信不疑，甚至變賣家產打造末日避難所，以求平安度過。當時，不少名嘴在電視上危言聳聽，台灣社會也感染馬雅末日帶來的恐慌。中美洲經貿辦事處（CATO）與外交部趁此之便，就邀請馬雅考古學家來到台灣分享馬雅文化，舉辦了一場前無古人，後無來者的馬雅論壇。其中，代表貝里斯的 Jaime Awe 跟代表瓜地馬拉的美國學者 Hanson，都是世界知名的馬雅考古學家。

會後，考古學家受邀到台大人類學系參觀。我的「網友」台大人類學系陳伯楨教授就邀請我，一起跟他們交流。一行人參觀完人類學系博物館後，貝里斯的代表 Jaime Awe 教授問陳伯楨教授，台灣是否有人對於馬雅文化有研究興趣？

「有啦！就我啊！」我心裡不斷地吶喊著。「選我！選我啊！」

就在這個危急的時刻，陳伯楨教授將我推出去，並且跟在場的四位研究者說：「This one! He studies Maya by himself.」

這可以說是我人生中非常艱難，卻又是最幸福的時刻。四個馬雅考古學家說著各種腔調的英文，問我研究馬雅的事情。我用著非常不流利的英文，述說著我對於馬雅文化的認識與喜愛，也分享自己人生最大的願望，就是可以去馬雅遺址裡考古。

Jaime Awe 聽了之後非常開心，他便跟我說，他們在貝里斯有個田野學校，歡迎我明年去參加，他可以提供我一些補助。我二話不說一口答應！這是最接近實現我十六歲願望的一次機會！2013 年，我終於踏上馬雅考古之旅。

踏上馬雅大地

2013 年七月，我飛越猶加敦半島，機上廣播我們即將降落在貝里斯國際機場。我再次望向窗外，一望無際的熱帶雨林覆蓋著地表。這個潮濕、碧綠、充滿野性的石灰岩大地，正是馬雅文化誕生的舞台。

馬雅文化的中美五國，除了墨西哥以外，其他國的經濟相較於台灣都不能說上發達。在墨西哥，馬雅人居住的猶加敦、坎培切、恰帕斯等州，在該國也屬經濟弱勢的地區。因此，一般的公共運輸，甚至基礎的路面交通條件都不好。除了長距離的拉車以外，比較快速的交通方式就是搭乘小飛機。

我曾經搭過自馬雅叢林核心區域佩騰省（Peten）首府弗洛雷斯（Flores）前往首都瓜地馬拉市的小飛機。一台飛機大概只能載二十人吧。由於太小了，飛機轉彎時，乘客還能感受到一些 G 力。航程中可以看到一片茂密的熱帶雨林覆蓋著平原，考古學家稱這片平原為南部低地區（South Lowland）。不過，雖然看似平原，低地區主要也是石灰岩構成的地形，雖然沒有高山，但是遍布連綿不絕的小丘，讓馬雅人想像大地是在烏龜或是鱷魚的背上。好巧不巧，烏龜與鱷魚的背都有硬甲，凹凸不平的樣子，正好跟真實的地貌相呼應。

就這樣，我到了一個只有在書本上聽過，卻非常陌生的國家——貝里斯。

下了飛機放眼望去，機場中幾乎沒有西班牙語標示，這與瓜地馬拉、墨西哥等西語國家不甚相同。根據過去高中地理課本帶來的印象，西班牙人在十六世紀地理大發現後殖民美洲，除了巴西以外，應該都是說西班牙語的國家才對。

不過，貝里斯是個例外，在十六世紀的殖民浪潮之中，貝里斯沒有受到西班牙人的重視，僅有一些短暫的居住地，或是規模比較小的殖民據點。大約十八世紀開始，貝里斯盛產的桃花心木成為國際上受歡迎的產品。英國人開始覬覦這塊土地，便在貝里斯設立殖民據點。因此，貝里斯便成為馬雅世界中，唯一一個以英文為官方語言的國家。

其實，我以前從來沒有想過，人生第一個造訪的中美洲國家會是貝里斯。但對我而言，只要能夠實地考察馬雅遺址，就已經是美夢成真的時刻了。甚至，經過這趟旅程，我也喜歡上貝里斯這個國家！

　　出了機場，田野學校的人早就等在那邊。帶頭的是一個滿臉鬍渣的年輕人，看起來大概是個研究生，等到人到齊了，他就吆喝著大家上車。那台巴士至今我仍印象深刻，巴士外觀是計程車的黃色，好似六〇年代美國影集的校車，就連椅子也是硬座，有夠復古。車門開關沒有電動按鈕，要駕駛手搖，就連頭上的行李架也是用木板釘的。

　　車上沒有冷氣，也沒有電風扇。當時是七月天，正是中美洲最熱的時節。我們只能把車窗打開，讓車子開動的「飆風」灌進車內解暑。就這樣，我們一路開到貝里斯西部的第一大城 —— 聖伊格納西奧（San Ignacio），我也將在這度過一個月，並成為人生最美好的時光之一。

印象深刻的復古巴士。

你好馬雅，久仰大名

　　到了聖伊格納西奧，這是一個僅有兩萬多人的小鎮，但已經是貝里斯西部的第一大城，全國第二大人口聚集地。我參加的考古學校叫做 BVAR，全名是 Belize Valley Archaeological Reconnaissance Project。到了基地後，大家一輪自我介紹，大致都是歐美的大學生或是研究生，有些是趁著暑假來體驗不同的生活；有些是對於考古學非常有興趣，想要來體會一下馬雅考古的感覺；還有幾個是參與計畫的研究生，這一季的發掘結果，決定著他們能不能寫出學位論文。這些研究生是我們的指導者，帶著我們發掘一個又一個的探坑。

　　抵達聖伊格納西奧的第二天，我們在鎮上先做培訓課程，主要是在分配這四個禮拜要參與發掘的遺址，以及給予參加者一些基本的考古學知識。這是我第一次淺嘗正統學院的馬雅研究訓練。我被分配到卡侯佩奇（Cahal Pech）遺址，這個遺址位於聖伊格納西奧近郊的小山丘上，屬於一個中小型的遺址。遺址中發現的銘文數量不多，也不是古典馬雅的強大王國。由於我對於馬雅文字深感興趣，因此分配到卡侯佩奇不免有點小小失望。

　　第三天，就是正式前往遺址的日子了！黃色校車再度出現，載著我們吃力地爬上沒有柏油路面的斜坡。好幾次我都感覺到引擎像是要斷氣了的感覺，當黃色校車

緩緩駛入停車場，不僅我們鬆一口氣，我看校車也鬆了
一口氣。大夥沿著水泥階梯，走進一片林子。就像桃花
源記一樣。初極狹，豁然開朗。出了林子，圍繞著神廟
與宮殿建築的廣場映入眼簾。

第一眼看見的馬雅神廟。

我看著廣場上的神廟，忽然一陣感動，眼淚從眼角奪眶而出——「馬雅文化啊！我終於見到你了。」心裡面不斷吶喊著。一旁的夥伴看到我這麼感動，覺得不可思議，便問我說：「這不過是一個小神廟，以後你還會看到更酷的，你怎麼會這麼激動呢？」我對著他說：「你知道嗎？來馬雅考古、踏查，是我從小的願望。十幾年了！這是我第一個看到的古馬雅建築，我終於踏出夢想的第一步了。」

　　接下來四週，我被分配到 B 廣場的一個探坑。帶頭的是一個墨西哥人南西，操著一口西語腔很重的英文。她算是 BVAR 的「資深員工」，那時候正在美國加州大學河邊分校讀博士班。其他的夥伴，大多來自美國，還有兩個英國的夥伴。

　　考古並不是大家心目中的浪漫工作，也不是像古墓奇兵般的探險故事。考古根本是群「做工的人」，為了發掘人類過去的辛勤付出。在探坑工作的第一天，我們拿著小平鏟，將沙土、石頭裝進大水桶裡。接下來爬出探坑，拿著十幾公斤重的大水桶去篩網，篩篩看有沒有人造遺留物（Artifact）。由於我們發掘的探坑，屬於城市核心區的廣場與貴族建築的一部分，大部分的出土物就是陶片、燧石、貝殼等。

　　每一種人造遺留物都有一個代號，像是陶片就是 Cr、燧石就是 Ch、貝殼就是 Ms 等。對於沒有接受過正統考古田野發掘訓練的我來說，有時候還不能準確地分出天然石頭與人工石器的差別，對我來說也是一種學習跟體驗。有一次，我拿著一顆類似石斧的石頭去找南西。她看了看，對我說「這是 JFR 」。「蛤？那是什麼？」我翻開代碼表怎樣都找不到 JFR，正當慌張之際，南西笑著跟我說「Just a Fucking Rock 」。

我在卡侯佩奇（Cahal Pech）遺址工作的探坑。

考古，是研究者了解過去的一個途徑，目的不是尋寶；考古學家也不是印第安納瓊斯，所以完全無法透過古物牟利，大概就是寫計畫、領個糊口的工資。基於這麼個目的，因此出土物的重要性不是以出土物的金錢價值來判斷，而是來自出土物對於我們瞭解過去提供哪些資訊與證據。

考古人生

南西可能因為畢業壓力，不斷催促我們趕快挖掘。對於其他人來說，這不過是暑假的一次體驗，他們不一定對於馬雅文化有著深切的熱愛。漸漸地，有些隊員開始抱怨南西不斷地叫他們工作。

我參與田野調查的時間是七月，屬於炎熱又潮濕的季節，就像是台灣的夏天。每天大約下午三、四點就會下場大雷雨。你懂的，就是台灣午後那種大雷雨。但是，我們還是要繼續挖掘工作。水桶裡的沙土吸飽了雨水，兩個桶子拿在手上，就像舉重一般。冒著雨走出遮雨棚，腳上踩著泥濘，水桶裡的沙土早已變成一坨爛泥，要在裡面找出陶片石器，難上加難。現在回想起來，年輕就是瘋狂，滿腦子只想要考古、學習馬雅文化。如果是現在，早就大聲抗議了。

　　其實，馬雅世界的氣候很簡單，就分成乾季還有雨季。我遇到的大雷雨，就是雨季的典型氣候。每年大約四月到十月底是雨季，提供馬雅世界幾乎一整年的降水。乾季則在每年的十一月到三月之間。這時降水稀少，氣候也比較沒有這麼熱，是旅遊比較適宜的季節之一。

　　這種截然二分的季節樣態，將馬雅世界一整年分為充滿生機與乾燥枯竭的兩個部分。季節性濕地（Bajos）在雨季時成為馬雅人耕種的好夥伴，隨著乾季到來的乾涸，馬雅人也正好收成作物度過乾季。因此，不是月份決定耕種，而是雨季決定了耕種的時序。兩種季節天氣的交替循環，可能影響馬雅文化某些價值觀或是生命觀。例如這種一切枯竭後隨即重生的概念，也反映在馬雅人對於陰間的看法，馬雅人認為陰間雖然代表死亡，也是個極其恐怖的地方，卻也代表著生產力以及重生。死亡代表一切的枯竭，卻也在死亡之後才有新生命的萌發。

　　於是，我人生第一場考古在這樣的環境中展開，可說是一場超濕潤的體驗。一大早陽光普照，工作的汗水浸濕的衣領，甚至因為乾了又濕，濕了又乾，衣服變成一片鹽田。正當你精疲力盡的時候，下午一陣豪雨可能會洗淨一身的疲憊。工作結束時，大家總喜歡走回鎮上，稍事休息後，開始每晚的放鬆飲酒狂歡。

其實，卡侯佩奇不但是考古發掘的現場，也是一個對外開放的遺址，由於遺址就位於貝里斯西部第一大城聖伊格納西奧旁的山丘上。每天遊客、工人、考古學家來來去去，稀鬆平常。像是某天，有一群加拿大的遊客來到遺址參觀，他們要離開的時候，剛好也是我們一天工作結束的時候。那群遊客看到我們要離開收工了，就叫著我說，能不能讓他們拍張照。他們是一群加拿大的老師，正在搜集教材。我覺得沒差，就答應他們。拍完照片，其中一人跟我說，你會在加拿大變得很有名。但是至今我還不知道那張照片現在流落何方？真的變成加拿大的學校教材了嗎？

貝里斯的熱帶雨林裡，路邊不起眼的陶片堆，每片都是距今一千年以上有價值的考古文物。

田野發掘的工作，大部分都是重複性極高、又耗體力的苦差事，但是卻是考古學的基本功。如果沒有高昂的興趣，是很難一直做下去的。很多台灣人會問說：「你們挖到的東西，可以賣多少錢？」、「那些石頭又不是黃金，挖出來有什麼用？」這些問題都顯示台灣人對於考古學的基本概念認識不足。

天啊！是偶像

我在研究馬雅文化的過程中有兩個偶像，一個是破解馬雅文字字符變換原則的大衛·史都華（David Stuart）；另一個是研究瓜地馬拉帕西翁河流域（Rio Pasion）阿瓜泰卡遺址（Aguateca）的日本學者豬俁健（Takeshi Inomata）。兩個人都是我心目中的神人，而帕西翁河是我一直想要去的地方。

有天考古營地忽然騷動起來。Jaime Awe 帶著一個學者走進遺址中。我仔細一看——天啊！竟然就是豬俁健。我的腦筋快速轉動：為什麼他會來卡侯佩奇？我要怎樣跟他說上話？現在想起來，根本就是迷妹遇到偶像的反應。我看見他們往篩網的方向走，便提著一桶沙土，走向篩網，看著他們，死命地篩。這時候 Jaime Awe 看到我，便叫道：「你要不要來一下，介紹豬俁健給你認識。」

2018 年三月，我追到了另一個偶像 David Stuart，還參加了他領軍的考古工作坊，在瓜地馬拉和貝里斯考察。

Yes！計畫通！

我內心興奮，外表平靜地走過去。豬俁健對於有個台灣人跑來貝里斯感到很好奇，隨口問了你最喜歡哪個考古遺址。我毫不猶豫地直球對決告白：Pasion River and Aguateca（帕西翁河流域的阿瓜泰卡遺址）。豬俁健面露驚訝，他沒有想到眼前的台灣人居然會說出這麼冷僻的遺址。我緊接著說，我讀過你的書，我很想要研究 Petexbatun 王國的歷史。他更是驚訝了。但是，他必須要離開卡侯佩奇了。於是，他就給我一張名片，要我之後聯絡他。

追星初體驗，成功。

　　雖然拿到了豬俁健的名片，我卻一直沒有勇氣寫信給他，這件事就一直擱著。回國之後，我開始注意到豬俁健的研究，已經轉向前古典期馬雅文化起源問題的研究。其實，他在 2013 年於塞包爾（Seibal）的田野工作，正是他一系列研究的開端。而他之所以會出現在卡侯佩奇，也正是因為 Jaime Awe 之前在這裡發現前古典期馬雅文化的痕跡。

　　就這樣，一個月很快地就過去了，這是我人生中最美妙的一個月。十六歲的夢想，將近十年之後才達成，有點「憨慢」，但永遠不會太晚。在這趟旅程後，我完全確定馬雅研究就是我要奉獻一生的事情。這次旅行帶來的養分，讓我踏上日後更多的馬雅探險。

馬 雅 人

自幼研究馬雅文化（不要懷疑，國小五年級開始應該可以算是自幼），為臺灣最激進的馬雅文化基本教義派。僥倖預言 2012 沒有馬雅世界末日後，前往中美洲貝里斯考古。開啟了一連串前往中美洲各地的旅程，也曾經追隨過馬雅考古學者David Stuart，前往墨西哥、瓜地馬拉、貝里斯，人煙罕至的叢林中，尋找馬雅的大祕寶。

🅕 馬雅國駐臺辦事處

上圖：在澳洲做過櫻桃農婦、餐廳服務生等工作。
下圖：澳洲農場工作時住的車屋，太晚去的人只能睡帳篷。

4

的選擇，人生還有其他出走，才知道

凱西女孩｜28歲｜2011｜澳洲·日本

Australia Japan

孤注一擲，像雜草般地過生活

　　還記得第一次要去澳洲打工度假的時候，一個人搭著北上的客運，心中滿是忐忑不安的心情。桃園機場裡滿滿的人潮，有些人跟親友們出遊、有些人揹著背包跟家人相擁離別，明明是一起待在候機室，卻彷彿身處在不同的時空。

　　飛機即將降落澳洲的前三十分鐘，空姐發了入境單給每位旅客，我馬上拿出準備好的中英對照表出來依序填寫，是啊！我的英文差到連入境單都沒把握填寫，不斷地幻想著海關會問我什麼問題，萬一答不上來會被遣返嗎？內心的小劇場此刻上演著各種狀況劇。

　　手裡握著的那一張機票，是我將儲蓄險認賠解約才勉強湊齊的，身上的旅費是離職後的最後一筆薪水，此刻我像是輸到只剩最後一把籌碼的賭徒，要押在「穩定卻不開心的爆肝設計師」或是「不知道怎麼找工作，但是有工就肯做的背包客」，若是一下飛機就被遣返則被莊家通殺了。

　　不過，我在下注之前還是帶些理性判斷，朋友介紹的櫻桃農場已經聯絡上了，只是不確定何時能開工，若能撐過等待的日子就海闊天空，或許是十天也可能是一個月？

　　看到只會出現在電視新聞上的雪梨歌劇院、迎面走來的金髮藍眼，內心都會忍不住驚呼：「我真的在澳洲啊！」然而異國風情的興奮感僅僅一天，房東收款的訊息就把我拉回現實，即使已經住在郊區、四人共用一間房間，租金也得要每周一百澳幣（當時匯率約台幣三千元），出門坐公車也要錢、吃飯也要錢、辦手機也要錢，在農場開工前乾脆躺在房間地板呼吸就好。房東太太是一位早期就移民到澳洲的台灣人，房租並沒有因為同鄉有折扣或是允許拖延，不過她幫忙介紹了可以做一天算一天的豆芽農場。

　　豆芽農場的薪水不高，時薪澳幣十元，但工作兩天也夠支付房租跟飯錢。我跟幾位同是需要收入的台灣背包客一起，在清晨五點起床去搭公車，烈日下翻土播種、維持著同一種姿勢包裝豆芽導致腰疼，最可怕的是要將長滿小蛆的糞便倒入田裡施肥。每當刺激的臭味充滿著鼻腔，我都會在心裡大喊：「就做到今天就好！」但是當天領完薪水能到車站前的麥當勞買一支冰淇淋，又慶幸有這份打工，明天再來吧！

　　原本是坐在辦公室吹冷氣畫圖的設計師，來到澳洲什麼工作我都做過，除了去農場種豆芽、採櫻桃，也到小鎮上的肉舖賣肉、在商場裡當臨時櫃店員；並從完全不會煮飯，到開始學習簡單的料理，像是咖哩、義大利麵這種把所有的材料丟下去煮就能吃的料理；雖然一句

英文都不會講，也得逼著自己跟當地人交談、學會怎麼買車票，沒想過自己的適應能力這麼好，每天都處於鴨子聽雷有聽沒有懂的狀態，還是能好好地生活下去。

我到澳洲其實是有其他目的——想去日本打工度假，但因為日本找工作更不容易，需要更多備用金，於是先來澳洲打工存點錢，還能磨練獨自在國外生活的技能。

短暫地回到台灣幾天，準備再度出發去日本打工。我在誠品買了兩本中日旅遊會話的書籍，在結帳的時候遇到認識的友人，她看著我的書問我要去日本玩嗎？我說要去日本打工度假。

「妳會日文嗎？」
「不會……」
「這樣妳還敢去日本打工度假？算了，反正妳不會英文也去了澳洲打工一年。妳真的很像雜草，什麼樣的環境都能適應。」

一般形容女孩子不是玫瑰就是百合，我被形容為雜草不但沒有不悅，反而有點沾沾自喜。雖然接下來要去日本打工更加不安，但是沒問題的，我能像雜草一樣地活下去。

遇見有夢的旅人，讓我更貪心作夢

畢業出社會後一次短期的日本出差，沒有旅遊的行程，唯一的自由時間就是跟同事下班後在街邊吃拉麵，我掃視著平凡的街道，想把東京的日常錄進腦海裡，彷彿多吸一口空氣都是奢侈的享受。身旁的同事自然地說著再過幾個月就要去京都念書的事，大學一畢業就急著找工作養家的我發現身邊的人都懷著夢想、思考著自己下個階段該怎麼走的時候，我似乎沒有選擇。

「我沒辦法選擇自己想過的人生嗎？」

於是我繞到澳洲工作存錢再去日本，費盡苦心就是想過一次自己幻想的生活。

雖然如願來到日本了，但後面還有許多磨難等待著我。不會說日文的我在求職路上處處碰壁，即便是應徵幾乎不用與客人說話的網咖店，在主管打電話來面試時根本無法溝通。焦慮指數爆表、存款見底之際，朋友轉告我下北澤台灣料理店看見徵人啟事，老闆娘也被我懇切想要工作的態度打動，破例雇用了一位不會說日文的員工。

下北澤距離大家所熟悉的新宿、澀谷不遠，卻呈現全然不同的風貌，到處都是地下樂團、表演劇場、二手服飾，路上有許多街頭藝人展現自己的才藝，甚至還有

我從來沒看過的賣藝：說書人──東方力丸，可以任選一本自己喜歡的漫畫，東方會一人分飾多角來演繹，一下是熱血激昂的櫻木花道、一下是嬌氣的晴子，看得我目瞪口呆。下北澤真是個很奇妙有趣的地方，也難怪被稱為次文化年輕人的天堂。

　　在料理店工作對我而言，第一個難題就是要大聲的喊出「いらっしゃいませ」（日文的「歡迎光臨」），日文不好的我剛開始總是扭捏，深怕自己發音很差，只敢含在嘴裡小聲地說。老闆娘提醒我，不要害怕發音，宏亮的聲音才會讓客人感受到店家的熱情。日本人的飲食習慣一定是先點啤酒，乾杯後才慢慢地看菜單，菜品通常點的並不多，但酒真的是一杯杯不停地叫，我的日文單字最先進步的就是各式酒名以及喝法（常溫、加冰、加熱、加水、濃一些、淡一些），成就了我從此去酒吧點酒完全無障礙。

　　店裡的客人有時也會向我搭話，甚至邀請我下班後跟他們一起去續攤繼續喝（日本人真的超愛續攤喝不停），如果是在店裡聊天還可以靠店長、老闆娘幫我翻譯打圓場，但要我單獨與日本人吃飯喝酒，怕是整晚坐在那裡乾笑不自在，於是我總是婉拒客人的邀約。

上圖：下北澤是年輕人相當喜愛的地區，有豐富的次文化。
下圖：下北澤著名的說書人——東方力丸，自稱「漫讀家」〔まんどくか〕。

剛到日本的時候念了三個月的語言學校，適逢七夕，老師要我們寫下心願綁在竹子上，如此一來就會實現願望，我的字條上寫著「想要交到很多日本朋友」。那時還是炎熱的夏天，轉眼卻已經入冬，很快就要到了下雪的季節，一方面期待著初次看到雪的感動，另一方面也害怕下雪的時刻我仍是孤單一人。

回家的路上經常看見一位男子坐在車站前，他鋪了一張地毯，上面凌亂地放了幾本書、幾罐啤酒，身旁總是有不少年輕人圍繞嘻笑聊天。他是街頭藝人嗎？實在看不出來在賣什麼東西，比較像是無家可歸的流浪漢。

想想那張綁在竹子上的紙條吧，鼓起勇氣過去湊個熱鬧，如果賣的是我不感興趣的東西，大不了離開就是了！我用著幾句笨拙的日文問那位男子：「你在賣什麼東西？」男子一聽就知道我不是當地人。

「妳是哪裡人呢？來玩的嗎？」

知道我是來打工度假的台灣人之後，男子笑嘻嘻地招呼我跟他一起席地而坐。

「我在幫路人畫似顏繪啊！很多路人、身旁的朋友都會來找我畫喔，妳也來畫一張吧！」

上圖：街頭藝人尾崎將環遊世界替人畫下的似顏繪，自己出版成書。
下圖：尾崎凌亂的攤位以及他幫我畫的似顏繪。

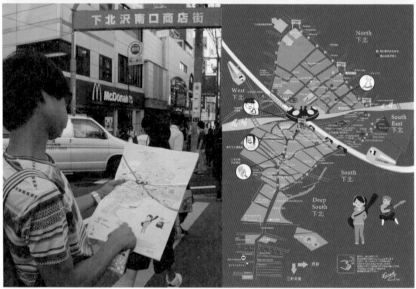

上圖：下北澤的雜誌《Shimokitazawa Free Paper》。
下圖：我繪製的下北澤地圖。

透過尾崎的介紹，我認識了推廣下北澤的雜誌《Shimokitazawa Free Paper》的創辦人，受邀繪製下北澤地圖。下北澤位於世田谷區，被鐵路、河川分為北區、東南區、西區、南區。南區出口散發著自由、年輕的氣息，反觀其他區域卻是高級住宅區，兩邊的居民互不欣賞，跨越一條鐵軌就仿佛來到不同世界。我感受到的下北澤南區出口跟既定觀念中傳統、體面的日本大相徑庭，所以將車站畫成飛碟降落——「歡迎來到異世界」。

談笑間我翻著地上的書，雖然還看不懂日文，但書裡滿滿的照片，都是關於他在國外旅行時，拍下幫路人畫的似顏繪。

他叫尾崎，喜歡畫下大家的笑容，並且在畫像上用日文寫下外國人的名字，這樣他們就知道自己的名字用日文怎麼寫。

他繼續興奮地跟我描述第一次出國的慘事，剛到西班牙沒幾天背包就被偷了，裡面有衣物、相機跟旅費，這下慘了，連回程機票都買不起。他想起自己以前當幼稚園老師的時候，經常幫小朋友畫畫，於是尾崎開始在西班牙街頭替人畫似顏繪，有些路人聽到了他的遭遇，付了遠超過買一張畫像的費用，他很感謝這些幫助過他的人，起心動念將路上的故事、畫像集結起來自行出版。

尾崎的奇幻旅程以及出書的原因，讓眼前的流浪漢瞬間成為一位令我崇拜的夢想家。

「喔！下雪了……好浪漫喔！」他笑著對我說，我也笑了。很開心下雪的時候身邊有你。

原本以為日本打工度假就是我圓夢的終點，但因為遇見了一位有故事的旅人，腦海裡開始浮現到世界各地旅行的可能性，我能像他一樣到處畫畫、寫下我的旅行故事，甚至出書嗎？我竟然貪心地奢望──自己也能成為一位有故事的旅人。

傾聽內心的聲音，一切重新開始

如果第一次去澳洲打工時曾在農場工作滿三個月，可以獲得再次回到澳洲的簽證（背包客稱之為「二簽」）。

回台灣呢？還是……再去一次澳洲？如果是當年還沒出發的我，應該會覺得體驗過澳洲跟日本的生活已經夠了吧！但現在的我，心裡總覺得不滿足，像是一匹被豢養卻逃脫的馬兒，想要奔向外頭寬廣的世界，不願再被社會框架、放棄自己追夢的機會。

我決定聽聽自己的聲音：「現在想做的事是什麼呢？」

喜歡澳洲的氣候，溫暖和煦的陽光，下班的時候還有夕陽的餘暉，街邊總是有街頭藝人們的表演，大家坐在路旁悠閒地聽著、看著，我很享受這裡的慢步調與咖啡。

　　澳洲的咖啡特別好喝，做法跟台灣雖然大同小異，組合不外乎是濃縮咖啡、水、牛奶，但因為對咖啡的需求量極高、店家競爭激烈，澳洲咖啡師不僅僅是一間店的小螺絲，更是有著職人般自我要求。「我也好想成為那樣的咖啡職人啊！」如果能留在澳洲成為咖啡師的話，不僅學習到自己嚮往的技能，穩定的薪水也能支撐生活費，幸運的話還有餘裕可以到其他國家旅行呢。

　　於是繃緊神經告訴家人我的決定：我暫時不回台灣，要到澳洲去工作（電話裡頭少不了一頓罵）。但這次不再找農場、餐廳的工作，無論無何我一定要成為咖啡師。

　　不管是網路上找職缺、沿街發履歷，都沒有店家願意雇用我，大部分的店家想找的是有經驗，至少是英文對話要夠好的人，因為與客人聊天建立情感也是咖啡師需要具備的條件，以上我沒有半點符合。

　　努力了許久，終於出現一線希望。「我們有缺人，但是妳要學會了所有的店務才有薪水，就看妳自己願不願意花時間來學。」一間位於雪梨‧帕丁頓小鎮上的麵包店老闆這麼跟我說，因為店面不大，通常只會安排一位員工上班，老闆也只付得出一位員工的薪水，如果我想得到這份工作，就要能自己獨立上班，跟著同事學習店務的時間都是不給薪的。

看著窄小的店內，陳列著各式各樣的法式麵包，深處有一台咖啡機，我的目光始終離不開那台機器。

「賣麵包也可以學做咖啡嗎？」

「當然啊，不忙妳就可以練習做給自己喝，若妳能學會咖啡更好，我都不用來幫妳了。」

從那天開始，一有時間我就去麵包店窩著，不管店員做什麼都黏在她身邊，將麵包名稱寫成單字卡，不斷地在腦子裡模擬如果是自己一個人上班該做些什麼、客人會問什麼，不久後我開始在麵包店上班了，下班後我一邊收拾店面一邊練習咖啡，過沒多久，老闆已經不需要再來店裡幫忙了。

但我並不滿足於麵包店的工作，畢竟主要是銷售麵包而非製作咖啡，於是自行報名咖啡課程、向更專業的咖啡師請益。這才發現咖啡這門學問，沒深入的時候以為有拉花就是好咖啡，越學越覺得困難。咖啡的風味主要來自於濃縮咖啡，而濃縮咖啡的風味七成決定於生豆的環境、兩成決定於烘焙的深淺程度，最後一成才決定於咖啡師的經驗，而這一成需要考慮的因素又太多了，用什麼樣的研磨度、水量、溫度、壓力等等，都會讓咖啡的口感產生變化。當我沾沾自喜地以為跨進咖啡師的門檻時，發現要走的路還長著呢。

在澳洲轉職為咖啡師。

砍掉重練的舒適圈值得嗎？

有陣子流行一句話叫「你的錢沒有消失，只是變成你喜歡的模樣」。這幾年打工積攢下來的錢都化為旅費，沒有買過一個名牌包，只有陪我到處流浪的後背包，每次朋友問起我的近況，我總是滔滔不絕地說著：

「我在祕魯的時候被司機坑了，他竟然在中途把我們全部人趕下車……」

「冰島就連春天都還超級冷，那裡還有個藍色的溫泉喔……」

「西班牙朝聖之路有好幾條呢！這次我走了一千公里……」

朋友雖然聽得津津有味，但也忍不住問：「如果妳在國外打工那幾年都不要旅行，現在也有個一桶金在身上吧……不後悔嗎？」

如果現在身上有一百萬，或許可以開個小咖啡店自己做老闆，就算賺不了大錢也還能過上日子，看看現在已經三十好幾歲了，早已畫不出設計圖，要再回去做設計已經不可能了；到咖啡館應聘，雖然澳洲咖啡師的經

歷看似讓履歷鍍了一層金，但台灣不比澳洲有著深厚的咖啡文化，銷售量跟薪水一樣只有澳洲的四分之一；以前跟你一起在職場上打拚的朋友也都結了婚忙於家庭，原本熟悉的舒適圈全部砍掉重練。

當年的出走並非一路順風順水，經常因為語言不通找不到工作、懷疑自己的決定、感到徬徨，負面情緒也不定時在內心爆發，但我仍然感謝十年前那個勇敢放棄一切的自己，走出框架人生，替未來增添了許多可能性。誰會想到我能在澳洲當咖啡師，甚至成為旅遊作家？

在打工度假那幾年時常聽到旅人們問：「遺憾跟後悔，你會選擇哪一個？」如果不去追夢會留有遺憾，但放棄一切到頭來可能會後悔，你會怎麼選擇呢？

凱 西 女 孩

旅遊作家/咖啡師/水彩插畫/自創品牌
獨自到日本、澳洲等國家打工度假，藉著打工度假還清學貸之後，開始為自己圓夢——我想看看這個世界，並愛上一個人的旅行，旅遊足跡包括:冰島、挪威、智利、祕魯等十六個國家，最近一次旅行是徒步了一千公里的朝聖之路。

f 凱西女孩去旅行

5

藝文洗禮
義大利

連掌旭｜28歲｜2015｜義大利

Italy

當名與利擠壓著築夢道路，我們的選擇是？

如果，人生只有一次圓夢機會

　　從小，我是一名標準體制內長大的孩子，循規蹈矩依照學校老師指派的進度學習與成長，我的世界從來都只有學校，學校裡的成績代表了我的符號，班級上的友情發生了點磨擦，就好像世界上一塊角落開始崩塌。

　　我從來沒有想過校外的世界，也總是認為我可以無須理睬校外的人事物，專注於考試升學，只要成績夠好我的未來就不是夢。寫過無數次我的夢想、反覆八股著要當太空人、大法官、醫生，造福這世界，也獲得無數次優異的作文成績。

　　然而，我卻從未真正問過自己，夢想是什麼？

　　疫情很反覆、生命很無常，如果明天即將迎來生命的終結，那麼此時此刻必定要去實現的事情是什麼？如果現在就是夢想的唯一啟程點，在這人生交叉路口上，我們會選擇持續平庸的自己，還是不留遺憾的自己？

　　二十八歲，正值事業飛黃騰達的時期，我的內在卻開始起了漣漪，此刻的自己不再是懵懂無知、如學生時期將自己框架在一個範圍裡，我開始知道世界之大，也開始明白靈魂是自由的，想綻放的人生絕不僅止於此。

究竟拉扯我們人生的，是所謂的世俗價值觀，還是內心底層不願聆聽的聲音？

　　同一年度，我放下百萬台幣的案子飛往歐洲圓夢，翌年更以海參崴為西行起點，經貝加爾湖畔搭乘總長九千餘里的西伯利亞鐵路，一路從亞洲進到歐洲，橫跨八個時區、歷經一百六十個小時以上的火車歷險，那是一輩子都忘懷不了的體驗，而這交換的代價，是藝術殿堂國家戲劇院的演出。

曾經有朋友問過我，放棄事業選擇築夢，難道不會很可惜嗎？畢竟當事業壯大到一定程度，真能說走就走？當出走需要面臨的損失成本，高於上班族數月的薪水，這機會成本我們承擔得起嗎？或者，你願意嗎？

　　其實，我從未放棄事業，只是在某個時間點按下暫停鍵，放下它去拓寬更大的成就、累積足夠的能量與格

人生數十餘載，傾聽一回內在的聲音。

局，再回到事業裡壯大。名與利，我們用盡一輩子汲汲營營都在追求的成果，倘若能適時加入一滴夢想的泉源，人生的路途將能有別於普世價值中所認知的模樣。

人生從來沒有回頭路，當站上另一座高峰之時，回首當年不也只是旅途中的一小丁點？疫情肆虐的現下，全球局勢都已更迭，不正也說明了我們再也沒有機會體驗到毫無疫情時的遊歷經驗？而誰又能知道明天迎接我們的是什麼樣的光景？

多年前一齣廣告中有一句名言，至今我仍記得：「與其關心 22k 的薪水，更該關心的是人生剩不到 22k 的日子裡，下一個十年你想要在哪裡？」

出走，或許是一瞬間的直覺，而行動則會讓靈感顯化為人生彌足珍貴的一段回憶。

年輕時實踐心中渴望，機會成本相對於稍長後要來得低很多，別輕易讓想像停留在原地，蹉跎了生命中最寶貴的時光。

美味義大利：民以食為天

　　金黃色的方形料理，混和著莫札瑞拉和帕瑪森的魔力牽絲、配上本地的肉醬特調，勾勒出濃濃的千層麵（Lasagne）──我在波隆尼亞的餐酒館裡，遇見這輩子難以忘懷的味道。

　　談到美食，義大利人彷彿都是專家，上到星級餐廳下到市井小民，每個人對於吃都有一套自己的獨特見解，因為友人的關係，我在德森扎諾（Desenzano）行腳時寄宿在一對夫妻的家裡，大哥 Gio 非常好客，總是熱情地邀請我一塊和他們共度餐食時光。

　　記得我剛抵達他們家的時候，行李都還沒放好就直接被帶出門，前往一小時車程外一處前不著村後不著店的餐館用餐，雖然前後杳無人煙，但說也神奇，餐廳旁竟停滿了車、裡頭人聲鼎沸，沒有任何一張華人臉孔，顯然是只有當地人才會知曉的名店。

　　我像是劉姥姥進大觀園，穿過一間又一間彷若凡爾賽宮般富麗堂皇的隔間，紳士典雅地入席，由於是第一次來到義大利，我對這一切都感到非常驚喜新鮮。

　　「我們義大利人用餐沒有隨便吃這回事。」 Gio 看我一臉新奇樣，忍不住對我說。

義大利廚師絲毫不馬虎地料理美食。

「太酷了！可是……難道你們不會遇到忙不過來、不得不快速飲食的情況嗎？」我好奇地問。

「當然會有忙不過來的時候，通常我會選擇將事情全數告一段落時再用餐，我不喜歡用餐時還要顧慮其他事物，這會讓我很煩躁，要不我就推開所有的工作，好好地享受和家人或重要朋友的聚會，這對我來說才是生活的真諦。」

餐廳上菜節奏掌握非常地好，不疾不徐，從餐前酒、前菜開始，總在適當的時機逐一遞上每一道佳餚，並且給予充分的時間品嚐食物的味道，偶爾廚師還會來到桌旁和大家閒聊，儘管這舉止造成餐廳上菜時間的遞延，卻沒有任何人催促，這種餐食間的情感交流，讓我對於他們的飲食文化感到特別地衝擊。

　　「每一頓飯都得來不易，我們必須好好珍惜，一口一口真摯地品嚐著它，這樣才是對食物最基本的尊重。」至今我仍記著 Gio 對我說過的話。

　　那晚我們一路從六點多吃到十一點才驅車回家，其實 Gio 平常日理萬機，時常需要出差外地，可是無論工作再怎麼忙，都一定會保留時間讓自己好好吃頓飯，因為這會讓他有活著、真實存在的感覺，而我也在彼此促膝長談的過程中，感受到義大利人對於感情的看重。

　　「大部分的義大利人，這時候會慵懶地喝著紅酒、聆聽喜歡的音樂，延續美好的時光，然後舒服地準備就寢，但我是異類。」說完，Gio 哈哈大笑地進房工作了。

　　明明手頭上堆積著無數工作案件，都要火燒屁股了，卻可以愜意而自在地和我共進晚餐，我想，這大概就是義大利人獨有的浪漫吧！

浪漫水都威尼斯：看緊你的荷包

甫踏進威尼斯時，我便陶醉在當地如詩如畫的風情，駐足在美麗宜人的小橋流水旁，忽然聽到身旁遊客被搭訕，說是願意幫忙搬運行李廂過橋。哇！大家自顧不暇地走訪參觀、拍攝美照，怎麼會有人這麼貼心要幫忙尚未下榻飯店的觀光客？

由於初次到訪威尼斯，所幸好奇觀察起當地生活的運作方式，於是我一同走過短短約莫一分鐘的小橋。

「小姐，請給我小費。」挑夫手握著行李箱說道。

只見那女生一臉茫然地看著對方，一時不知道該如何回應，僵持段時間後她拿出 5 歐元想結束這回合，殊不知瞬間被回絕，緊接著掏出 10 歐元還是被拒絕，而後就是一陣你來我往的鬥智過程，行李箱則一直在挑夫手上。原來是這樣啊！我內心似乎領悟了些什麼。

在義大利的街頭，除了這類主動釋出善意要「幫忙」些什麼，而後收取費用的人，前些日子參觀米蘭大教堂時，我初識的旅伴還遇上了其他「好心人士」。

好心人士：「嘿！朋友，你們從哪裡來？」

旅伴：「嗯？」

名聞遐邇的水都威尼斯，卻充斥著各種騙術手法，讓人好不唏噓。

　　我：「快走吧！不知道等會兒他想要幹嘛？」避免
萬一，我督促著他繼續往前走。

　　好心人士：「等等、等等，我這有個紀念品想送給
你。」

　　不確定是旅伴走得比較慢，還是讓好心腸給留步
了，總之在迅雷不及掩耳的速度下，他將幸運繩套上了
我旅伴的手腕。

好心人士：「嘿！朋友，這戴在你手上真好看，現在它是你的了。」

「我該收下嗎？」旅伴用中文詢問著我。

「我建議還是趕緊脫下來還給他吧，大家素未謀面，沒道理收下吧。」我說。

就在旅伴思考該如何回應時，好心人士說話了。

好心人士：「朋友，我生活很不容易，你幫我個忙，我送你這個，你送我點什麼好嗎？」

我：「哇！出招啦！還不快點拆下來還給他。」

雖說如此，那幸運繩就像是黏起來似地解不開。

旅伴：「請幫我拆下來，我不要這個。」

好心人士：「抱歉，我也無法拆開它，而且這已經是你的了，你拿了我的東西，需要支付我什麼。」

就這樣，我們落入了好心人士的圈套中，在你一言我一語的爭論中，好心人士不知不覺從一位慢慢變成了好幾位，一同跟著好心人士幫腔著，眼看局勢越來越不利，我們最後支付 10 歐元化解了這場鬧劇。

貴為國際時尚之都，理應富含雅士的國度，竟然屢見不鮮地處處藏著騙術，實在是令我嘖嘖稱奇。

　　我默默地離開了橋邊，展開了獨自的水都之旅，不得不說威尼斯真不枉其美名，不論從何種角度欣賞，到處都是網美拍攝地，可謂是美不勝收。

　　腳下是斑駁帶些歷史味的步道，望著岸邊淡黃色般的建築色調，延伸出一幢又一幢粉色、棕色、米白色、褚紅色緊密的房屋，一葉扁舟貢多拉輝映著夕陽灑落小橋流水人家，我坐在歷久彌新的咖啡廳中，恣意享受著愜意直迄深夜降臨。

　　離席前我讓服務生替我結帳。

陽光灑落的水都威尼斯別有一番風味。

「先生，您今天消費一杯咖啡加上座位費用，一共是 10.2 歐元。」

原來在威尼斯的多數餐廳，內用會加收 6 歐元（兩百多元台幣）起跳的座位費。欸，座位竟然比我的咖啡還貴啊！

我再一次地見識到義大利特有的風情。

馬戲博覽會： 生活是種藝術

Welcome Lien From Taiwan!

2015 年，備受全世界藝術家矚目的歐洲馬戲博覽會，於義大利山城布魯尼柯 （Brunico）舉辦，博覽會廣邀四海，不存在任何的民族隔閡，也沒有語言的問題，大家都是世界村熱愛馬戲的同道中人。

我在博覽會中遇到新朋友 J 來自羅馬，是位名符其實都市長大的藝術家，我跟 J 很投緣，從初次搭話後就沒有停下話題，他對於亞洲有著無比的好奇，而我則期待藉由他認識當地的藝術生態。為了讓我能夠充分感受博覽會的真諦， J 很熱心地帶著我參加工作坊，透過肢

歐洲馬戲博覽會每年都吸引為數眾多的藝術家共襄盛舉。

體與冥想間的交流讓彼此身心連結，並引領我穿梭街
坊、欣賞巷弄間狂野的壁畫創作，偶而在轉角與小提琴
家邂逅，不僅如此，還拉著我和餐廳老闆加入踢踏舞群
一起舞動身姿，甚至邀請我和他一同在街頭展開即興創
作演出，最後帶我爬上了山丘，俯瞰整座山城。

　　從他的視野望出去，整座城鎮都是舞台，由每一位
生活在此的人共譜出序曲。

　　「你瞧見嘉年華的遊行隊伍嗎？那條長長的人龍會
吸引多數市民加入鼓隊的行列一起歡樂。」J 指著遠方。

「我從沒想過藝術可以發揮得如此淋漓盡致。」我發自內心讚嘆著眼前的一切。

「藝術散發在生活中每個角落，從居民到遊客、老闆到員工，無分職業貴賤、貧富優劣，每個人都是獨一無二的藝術品，這就是我們義大利人的模樣。」J 雀躍且自信地介紹著他的國家。

「坦白說我很好奇，從小在都市長大的你，難道不在乎功名利祿嗎？」我問了一個很平庸、卻是多年縈繞在我心弦上的問題。

「我可以很自豪地跟你說，我們每個人都是創造奇蹟的成功者，這無關於功名利祿，而是我們用什麼樣的角度來觀看自己的人生，事實上唯有拋棄自己真實的模樣、拒絕聆聽內在的聲音，才會被物質世界的假象給利慾薰心。」我還在思考話中意涵，J 已經繼續跟我說著。

「你的疑問在我很小的時候也曾迷惘過，都市長大的孩子，身邊總不乏這類價值觀日復一日地強加在我們身上，然而可能義大利有著來自世界各地的人們，隨著我認識的人越來越多、生活圈越不一樣，我的價值觀持續衝撞洗滌著。Lien，我由衷地希望你明白，你是自己生命中唯一的主導著，如果你是一個在乎功名利祿的人，那麼便不會產生這樣的問題，你只是惶恐如果沒有跟上他人的腳步，會不會這輩子與幸福無緣，但那並不是你真正想要的人生，不是嗎？」

我沉思著，這是我從未有過的思考角度，難不成我一直活在他人期望的影子中？被教育飛黃騰達才是幸福的唯一途徑？

　　那晚我們聊了非常多，J 開放的心胸與思維，徹底地改變了我對於人生的認知。我很喜歡他對我說過的那句話：「沒有人能強迫你選擇任何不想要的人生，更別說將左右情緒的權力拱手讓人。」

憑藉著所學專長，也能夠躍上國際舞台指導他人。

「走吧，早點回去休息，別忘記明天還有你的壓軸節目呢！我可是很期待的！」

是啊！這場演出可是一毛錢都拿不到，但為什麼我還要專程大老遠來到這呢？是不是生命中，真有些凌駕於金錢之上，讓我們願意不計一切代價，都渴望去實現的人事物呢？

藝術能當飯吃嗎？

義大利伊塞奧湖（Lago d'Iseo）旁，有座非常樸實的濱海小鎮薩爾尼科（Sarnico），每年四月這裡會舉辦二十五公里半馬環湖情人路跑（Lovere Run），吸引成千上萬的參賽者一同共襄盛舉，而我是在七月底來到這座小鎮，巧遇了當時的街頭藝術節。

由於自身的背景，很快地便和當地藝術家們打成了一片，薩爾尼科面積僅有台北市的四十二分之一，三天的活動卻超過一百多組的展演團隊進駐，可謂相當盛大。

在活動開始前，我因為協助特技團隊的前置作業，因而結識了團長 K，K 是一位渾身充滿戲劇性、散發獨特情懷的人，每講幾句話就會自個沉浸在說出口的想像畫面中，好幾次都需要將他拉回現實中。

「你看，我們的場域佈置得好美哦！」說完他便整個人轉圈跳起舞來、完全陶醉在自己的世界，也許一般人會翻他白眼，但 K 就是這麼有意思的一個人。

我和 K 及團員們在首演結束當天，到了附近的餐酒館小酌，那是一間擁有庭院、坐擁湖光美景的高檔餐廳。

「在台灣，藝術家們通常不會上這樣的餐館用餐。」我忽然有感地說。

「為什麼？」一位團員問道。

「可能是收入不穩定，需要省吃儉用以備不時之需，也可能大家沒有這種奢華的習慣。」我回憶著自己和身邊的朋友。

「哦不，太悲慘了！這可是生活中非常重要的一部分。」K 戲劇化的表情和肢體，讓我不禁笑了出來。

從他們和我分享後，我得知這群義大利藝術家們，早上習慣先享受一段美好的咖啡時光，然後再花約莫三到五小時，專注地進行創作和排練等工作事宜，結束之後他們會轉換模式，偶而駕船在湖上奔馳，又或者漫步於山林、來場大自然的洗禮，時而去沙灘來場日光浴，總之不會讓生活被工作時間給佔滿。

　　對於他們來說，上餐館和三五好友享受交誼時光，更是生命中無法取代的事情，這讓我想起 Gio 曾經對我說過，義大利人用餐沒有隨便吃這回事，好好地享受和重要朋友的聚會，才是生活的真諦。

　　「在義大利，從事街頭演出是一項非常尊榮的職業，人們會願意停下腳步，欣賞專業的演出，並且樂於奉獻他們的錢財給予鼓勵，因為對他們來說，這也是品味生活的一部分，街頭藝人為他們的生活帶來娛樂的價值，也帶來特別的回憶，事實上只要用心經營，上這餐館其實並不奢華的。」K 說。

　　從 K 的言談當中，明顯感受到台義兩國對於藝術本質上民情的不同，在諸多台灣人的認知中，藝術家是無法溫飽三餐、甚至被列為難以成家立業的行業，但在義大利，從事藝文是一項光榮的事情，值得被稱頌，也是足以養活自己的志業，不免讓人不勝唏噓。

對於義大利人來說，如何享受當下是人生中最珍貴的時刻。

「別一副喪氣的臉，人們活著就是希望，生命是可以被創造的，環境自然也是可以被塑化，你不覺得我們藝術家的使命，就是讓這環境變得更加美好、讓人生充滿生機，就像我們的演出，綻放最精采的每一個瞬間？」

思想是一把雙面刃，K 讓我突然意識到，事情是一體兩面沒有絕對值，端看這個時代的我們，決定從什麼樣的觀點來面對世代課題。

我們與夢想的距離，只在轉瞬之間

從義大利回國，我用藝術站上了國際舞台，成就了養活自己的穩定行業，曾經的不被看好、曾經的酸言酸語，化作一句又一句肯定的讚賞，我體悟到 K 曾說過的「用心經營」，也感受到我們絕對配得上美好人生，只要我們願意先相信自己。

生活，其實是一段又一段的藝術作品，無須設限自己的創作，更不必要與他人比較，當我全心全意經營它的時候，任何狀態都有其最迷人且珍貴的時刻，且獨一無二、與眾不同。

我們的夢想，值幾斤兩呢？

連掌旭

從事藝文展演教學迄今已逾十年，專職工作坊教學、舞碼編排暨展演，曾受邀擔任德國火舞大師營導師、韓國駐村藝術家、印尼、印度、俄羅斯藝術節邀演嘉賓，並多次往返中國、越南、泰國、菲律賓、馬來西亞等地演出。曾為台大、政大、中央等大專院校暨樂齡社大、國中小學營隊工作坊師資，著有《熾行者：澳洲冒險‧挑戰‧極限之旅》一書。

f 熾行者-火焰背包客 FireLien

6

玫瑰與夜鶯
黑紗下的

詹依潔｜28歲｜2017｜伊朗

Iran

序曲：來自伊朗的深夜電話

凌晨三點，忽然響起的鈴聲打破夜的寂靜。迷迷糊糊地拿起手機，只見「伊朗」兩字突兀地出現在一串數字下方，半夢半醒間，我沒有多想就按下接聽鍵。

「我們收到通知，您數小時前透過網站訂了一間卡尚（Kashan）的旅館，很遺憾地，他們已經沒有空房！要不要試試另一間呢？」電話那頭的人說。

啊，是，我下午是使用了伊朗的訂房網站沒錯。腦中記憶突然回流。受宗教、經濟利益的糾葛和民族情結影響，伊朗長期都是西方國家與阿拉伯世界的眼中釘，媒體上聲名狼籍不說，來自各國的經濟制裁也讓國際上通行的訂房網在伊朗全不管用。這個寫著「Online Booking」的網站，是我在國外論壇找了又找，好不容易找到的浮木——精緻清楚的頁面、網友的高評價、豐富的房源，一切看似完美。唯一的問題，是它的確認頁總是無盡地等待與旋轉，怎麼都跑不出確認函。

現在，我終於找到原因。

原來這個所謂「線上」訂房系統，只有前半在線上，接到訂單後，就輪到人工出動。「那麼，幫您問問？」網站員工熱切地試圖推薦另一處選擇給我。

上圖：卡尚以貴族豪宅改建的旅館聞名，許多旅人來到卡尚都會選擇入住一晚。
下圖：卡尚的蘇丹浴室。

「好吧，麻煩你。」不想在夜半糾結，我答應了他。十多分鐘後，來自伊朗的電話再次響起……

最終，這個訂房網的嘗試一敗塗地，除了數通來自伊朗的電話，我一無所獲。然而這段半夢半醒間的對話，卻讓我想起剛開始旅行的日子──從習以為常的生活，跳脫到陌生的文化與環境，再簡單不過的日常，都能成為冒險。在我心裡，這正是旅行最討厭也最迷人之處。

幸好過去的經驗讓我知道，只要著手面對，事情終會找到解方──感謝老派的 E-mail，我終於是在飛往伊朗前訂到了住宿。

懷著期待與不安，終於要踏上嚮往已久的伊朗。

請各位女士戴上您的頭巾！

　　機翼劃過雲層，大片建築於窗外浮現，沙塵籠罩的城市迷濛的恍若海市蜃樓。飛機在德黑蘭（Tehran）準備落地。機上廣播響起，在熟悉的天氣預報與謝詞後，空姐補上一句：「請各位女士戴上您的頭巾。」

　　1979 年以前，伊朗曾是中東地區最西化的國家之一。老照片裡，濃眉大眼的伊朗女孩頂著蓬鬆秀髮，穿著貼身泳衣在海濱做日光浴，笑容燦爛。然而這一切，在伊朗的伊斯蘭革命後嘎然終止。

　　那一年，對親美政府不滿的民眾發動政變，以宗教領袖何梅尼（Ruhollah Khomeini）為核心創建了政教合一、什葉派為主的伊朗伊斯蘭共和國，服儀規範與男女之別的教條起死回生，重新成為社會準則——到訪伊朗的女性觀光客，同樣得入境隨俗——唯有穿著遮蓋手腳的衣物，覆上頭巾，掩住所有曲線，妳才擁有在伊朗旅行的自由。大眾運輸上，有形或無形的欄杆將男女隔為涇渭分明的兩塊。

　　自落地伊朗起，我便一直好奇著當地女性如何看待此事。好消息是，要在城裡找到幾位反對者並不難，透過遊走規範邊緣的頭巾，她們大方昭示著自己的立場，對於這樣的議題，她們也總樂於侃侃而談。可惜那些穿著黑袍的女子就不是這麼回事了，即便同樣友善，她們的想法與話語卻含蓄如迷霧。

上圖：一排椅子把公車上的男女座位隔成涇渭分明的兩塊。
下左圖：參觀燈王之墓的女性都需要穿著清真寺提供的全身罩袍。
下右圖：以鏡面裝飾，閃耀如繁星的伊朗陵墓。

懸著未解之謎，我的旅程一路向南，直到以莫克清真寺（Nasir al-Mulk Mosque）與燈王之墓（Aramgah-e Shah-e Cheragh）聞名的古都設拉子（Shiraz）。後者是什葉派第七任宗教領袖伊瑪目兩位兒子殉教與埋骨處，許多年來，這裡都被信徒視作聖地。女性旅行者得先換上斗篷般的伊斯蘭黑袍（Chador），再由導覽員陪同進入。

夜裡的清真寺眾聲喧嘩，垂懸燈光在鏡面拼成的牆中碎裂成萬千世界，密密麻麻的信徒跪伏於地，祈禱的低吟聲盤旋繚繞，帶著電影質感的魔幻。在那樣的地方，再怎麼沒有信仰的人，大概也會懾服於宗教的力量。而也是在這樣的地方，我遇上 Fatmeh。

年輕的她自願成為燈王之墓的導覽員，以傳統方式遵循戒律，同時和外來遊客分享她對伊斯蘭世界的看法。對於我的滿腹疑惑，她僅是笑著提問：「如果妳得到一份珍寶，妳會把它擺在桌面呢？還是放保險箱？」、「女性如此珍貴，為什麼要讓自己成為誘惑？我的美，只給親近的人看。」

成為旅行者前，我心中總有許多是非對錯，彷彿自己認定的價值才是正解，然而這些年的旅程卻讓我發現，每個國家、每位個體都有自己的美麗與哀愁，就像伊朗一襲黑紗各自表述。許多時候事物的好與壞，端看從什麼角度解讀。Fatmeh 談起伊斯蘭教條時堅定的眼神，其實和那些因抗議頭巾規定而被拘捕、監禁的伊朗女性並無二致。

　　或許人生最幸福的，不過是能夠不再為他人眼光與社會要求所限，為自己做決定。只希望有那麼一天，伊朗的女子都能自由選擇心之所向，無論那是掩蓋黑袍，或是解放秀髮。

除了服裝，伊斯蘭律法在生活方面也有不少獨特規定。例如教條認為養狗是西方資本主義腐化的象徵，因此在伊朗養狗經常必須偷偷摸摸地來。

在奧比揚奈成為明星

除了服儀規定，眾人的熱情目光是旅行伊朗很需要習慣的另一件事。

奧比揚奈（Abyaneh）是位於卡尚與伊斯法罕（Isfahan）間的一處波斯古村，它的歷史悠遠（超過兩千五百年！），村內女性出門時總帶花色頭巾。小村不大，就算用最慢的步伐也只要兩、三個小時就能走遍。嗯，如果沒有意外的話。

或許是恰逢週末吧，奧比揚奈磚紅色的街巷意外熱鬧，摩肩接踵的人潮讓鞭笞著村落的炙熱陽光更顯難耐，進入村落不過五分鐘，我已想落荒而逃。反正是自己的旅行嘛，無所事事又何妨。何況有時候在一個全新世界，無所事事反而更能開啟感官。

正當我準備找個地方徹底放空，一道帶著期盼與猶豫的聲音傳了過來。「Salam[1]，可以跟你們拍張照嗎？」女孩問。

通常在旅行過程裡，我不太拒絕類似邀請，也總樂於跟當地人聊上幾句。我沒料到的是，原來伊朗的邀約

Note

1.Salam：阿拉伯國家和穆斯林問候語，表示「和平」的意思。

上圖：艷陽下的奧比揚奈村。

下左圖：女性的花頭巾是奧比揚奈村的招牌特色。

下右圖：在伊朗隨時隨地都要做好被邀約自拍的心理準備。

從來不是單一事件，而是一串不停歇的連鎖反應。一切都發生得太快，當我回過神來，拍照的拱門旁早已不知不覺地排起長串人龍，隊伍的盡頭，是我。

不同於旅遊大城接納觀光客於無形，在伊朗，旅行者天生就是目光焦點，無論你再怎麼平凡無奇，他們都會以明星般的禮遇對你。為了合影，伊朗人會不惜騎著機車逆向衝上人行道，旅館經理會特地撥打櫃檯電話表達召見意願（別懷疑，他真的只是想拍照）。我用自拍抵過公車費，也曾透過視訊與伊朗人的家人合影。不用細算，你都知道自己的身影至少出現在百位伊朗人的手機裡。而且只要你願意，他們總樂意帶你回家，奉你為家族的座上貴賓。

起初，我以為這樣的熱情不過是美好波斯傳統的遺存，某種被時光定格的古老美德。直到數不清第幾次，眼前的伊朗人再度吐出那個熟悉不過的問題：「妳覺得伊朗人怎樣呢？」、「妳喜歡伊朗嗎？」那時我才驚覺，英語對話練習般的問句，背後埋藏的，或許是伊朗人民共同的不安。

對伊朗人而言，旅行者就像是一扇對外的窗，一個洗刷媒體污名的機會。曾經伊朗朋友這樣對我說，他說，希望我感覺賓至如歸，如果我願意，請多多和他人分享伊朗的好，讓大家知道伊朗人並不可怕。或許，這也是這段文章存在的原因。

縱然在伊朗的日子裡，太多類似奧比揚奈的經歷導致我的旅程計畫亂成糨糊，安排參觀的城市與景點都只看了個七零八落，但如今回首，記憶裡歷歷在目的，卻也全是這些所謂「意外」，是奧比揚奈花頭巾老奶奶遞上的那份濕濕軟軟的蘋果乾。

若現在有人問起，我確實會說，伊朗有我見過最熱情友善的陌生人們。

伊朗人的真心

「只要三十分鐘唷！有沙漠！有駱駝！有夕陽！」、「馬可波羅唷！妳知道馬可波羅嗎？」逛完沙漠城市亞茲德（Yazd）迷宮般的褐色巷弄，眼見我多出半日空閒，旅館女主人開始大力推薦起城外的沙漠。

空氣中熱氣浮動，我其實只想在旅館攤成爛泥的，然而來自沙漠稜線的誘惑是如此強烈。人們都說亞茲德是古絲路上的重要驛站，曾有無數駱駝商隊穿越沙漠來到此處，交換珍貴香料與物品後再踏著沙塵離去。如果能去沙漠看一眼，或許我會更有身處絲路古城的實感吧。掙扎許久，最終我還是決定離開身下風扇吹拂的波斯地毯。就算這個有水池、有花園的旅館大廳，已是古波斯人想像中天堂的模樣。

　　女主人聯繫的司機很快抵達。那是位有點年紀的先生，英語不是太好，可是渾身散發的氣息卻讓人莫名心安。上車後一陣比手畫腳，「Wife, Picnic.」他這樣說。嗯？是要帶老婆去野餐嗎？雖然不是很肯定，但我還是胡亂地點了頭。在伊朗過了一段時光，我相信這裡的人。

　　數十分鐘後，車子在一棟土色樓房前停了下來，一位身著黑袍的女性從門後閃出，手上提著一組大得不像樣的提袋與籃子。

　　在伊朗旅行，你很難不發現當地人對野餐的狂熱。他們的車上總是常備熱茶與地毯，找到有綠蔭或遮蔽的空地就能隨時舖展開來，一坐就是一個夜晚。他們的野餐從不將就，除了方糖與紅茶，瓜果點心、軟糖餅乾，以及各種麵包與抹醬也都是標準配備。如今看來，司機是想把這套也搬去沙漠。

　　我們一行人在暑熱漸消的傍晚抵達 Bafgh，那是一片不太大的沙漠，黃沙盡頭在地平線那端隱約可見。隨著夕陽落下，沙丘一片橙紅。和撒哈拉相比，不算太壯麗，不過對於生長於海島的女子，光是沙漠一詞所帶來的綺想，就已是前往沙漠旅行的充分意義。

上圖：沙漠古城亞茲德。
下圖：亞茲德城外的Bafgh沙漠。

　　離開沙漠，我們的野餐仍在繼續。回程路上司機彷彿變成寵愛小孩的長輩，烤肉、冰棒、優格……各種食物不分青紅皂白地被推往眼前，直到確定我們再也吃不下任何一絲一毫，車子才緩慢地調轉前往旅館。

　　整個沙漠之旅，我完全沒有機會掏出錢包。下了車，遞出車資與感謝的小費，未料，司機卻搖了搖頭，說：「GUEST！」

　　事實上，他已不是第一個這樣對我的伊朗人，幾日之前，超商的店員、計程車的司機、甚至旅館的房東，也都有過拒絕收費的前例。我在說服未果後，總是只能倉皇塞錢，接著落荒而逃。

　　或許是看我推門的神色匆忙，老闆娘立刻就湊了上來。聽聞我的遭遇，只見她大笑出聲：「歡迎體驗Taarof！」

　　原來，伊朗人至今都遵循著一套和「客套」有關的波斯傳統禮儀，在他們的觀念裡，生活中謙讓或推拒是必要的，不到最後階段絕不能展現真正想法。這套禮儀涵括的範圍包羅萬象，從載人搭車、日常購物、出遊邀請通通適用。

「那我要怎麼知道你們是在 Taarof 還是真心的？」

「多問幾次！通常三次以上我們就會展現真實想法啦！」老闆娘回答完接著說：「恭喜解開疑惑，要來杯茶嗎？」

「我現在，是不是應該先客氣地拒絕？」

歷經動盪與浮沉，伊朗文明在歷史巨輪下掙扎求生，旅者目光緊鎖千年前的輝煌，但在經歷這樣可愛的包車事件後，我很確定，比起世界風景，我更想看見的，還是異國人們的生活，是在這樣小小的日常裡，看見古老波斯傳統在伊朗人的血液中流淌。

感謝旅行，讓我在漫漫人生裡，有了遇見不一樣生活的可能。

荒山裡的刺客城堡

由伊朗首都德黑蘭穿透混濁空氣向北望，就能見到厄爾布爾山脈橫亙在遠方。這座終年雪蓋籠罩的山裡，有著伊朗最富傳奇色彩的城堡——阿拉穆特（Alamut Castle）。

上圖：在 Bafgh 沙漠和司機夫妻一起野餐。
下圖：伊朗人對野餐與喝茶相當狂熱，就連進城的大馬路邊都是喝茶的好地方。

阿拉穆特在波斯語中意為「鷹的巢穴」，根據《馬可波羅遊記》記載，十字軍東征時期，伊斯蘭世界動盪不安並與西方衝突不斷，為了在亂世中實現宗教理想，尼札爾派（Nizari）首領哈桑·薩巴赫（Hasan-i Sabbah）在山裡祕密培育起武裝勢力。據說為了使手下無懼死生，哈桑建造了一處華麗花園，填之以美食、美酒和美女。戰士受訓完成前皆會被迷昏送入花園，幾日之後，他們會再度被迷昏送出。待年輕戰士清醒，惶惶然不知花園是想像還是現實之時，哈桑便會說，那是樂園的模樣。完成任務，就能重返樂園。後來，這支以暗殺為主要手段的組織以「阿薩辛」（Assassins）之名在西方流傳，成為刺客文化的源頭。

雖然這段記述或多或少摻入了馬可波羅對異域的想像，但可以確定的是，直到被蒙古人消滅退出歷史舞台，阿薩辛一度縱橫東西方，無論是塞爾柱土耳其、伊斯蘭還是基督教，都紛紛有首領死於阿薩辛匕首下。隨著時光推移，這些傳奇也滋養出《刺客教條》、《波斯王子：時間之沙》以及《倚天屠龍記》等經典作品。

作為古代波斯帝國的遺緒，伊朗境內有著數不清的精彩遺址，無論從什麼角度看，阿拉穆特都不會是首選旅行地。當我提到要前往刺客城堡，伊朗人也總是震驚地看我。似乎沒有任何人能夠理解，是哪來的奇怪觀光客，居然想要千里迢迢地去荒山裡看一座城堡。

通往阿拉穆特的道路。

那確實是一段長長的路途，你得先搭車翻越重重山巒，徒步走過險峻的山間小路，最終才能抵達高踞山巔的城堡，視線所及，僅有無盡的峽谷與山脈，光禿而赤裸。抽去歷史與記憶，城堡無異於路旁廢墟，斷垣殘壁配上鷹架，頹敗的像是將死之人。但久遠以前，卻也是這處在時光中緩慢死去的廢墟，傳奇性地改寫了人類歷史。

從刺客的年代到今日，人類似乎都未能戒掉對他人指手畫腳的症頭。而就像我堅持來到阿拉穆特一樣，比起活在他人眼中，我還是更願意遵循自己的心意，將喜歡的事物貫徹到底。在我心裡，生活與旅程的美好或頹敗，經常不過是選擇。帶著故事凝望，斷垣殘壁也能成為動人風景。

城堡已成廢墟，但不妨礙我們做一場刺客夢。

夜鶯玫瑰之國，還是恐怖主義大本營？

　　旅程最後，我回到德黑蘭，而在登機之前，我還有一個地方要去。

　　前美國駐伊朗大使館是德黑蘭著名景點，它是兩國曾經友好的證明，也是關係破裂的見證。1979 年革命爆發，來不及反應的五十二名外交官與人質被闖入的革命者扣押，度過了漫長的四百四十天。驚心動魄的營救過程，成為電影《亞果出任務》的原型。

　　兩國的友誼，在時代更迭與利益間斷了氣。如今走到使館門口，只見鉛色骷髏面孔的自由女神、帶著星條旗圖樣的手槍與各式反美塗鴉沿著牆面鋪展開來，手上的旅遊書說，這裡已改建為美國間諜博物館。

　　德黑蘭正午的陽光炙熱地仿若火烤，空氣裡瀰漫的熱氣讓人一陣恍惚。沿著塗鴉的牆慢慢地走，這些天在伊朗遇見的面孔也逐漸浮現。我想起伊斯法罕橋邊眼光灼灼地說著想去美國念天文，希望政府早日和外界和解的女孩；想起設拉子陵墓內堅信伊斯蘭律法價值的信徒。與西方世界的衝突，方方面面影響著伊朗人的生活，但在這樣的一個地點，除了我們，沒有人對使館多看一眼。

伊朗前美國大使館外牆的反美塗鴉。

　　站在德黑蘭塵土飛揚的街道，我突然想起之前曾在張愛玲在書裡看過，現代的我們，總是先看過海的圖畫，才見到海；先讀愛情小說，後知道愛。我們生活在一個二輪體驗的世界，不帶想像與期盼的旅行，在這年頭已成絕響。

　　值得慶幸的是，在這個資訊如洪流的世界，我們還能用自己的眼睛去探索、去驗證。仍可以帶著想像出發，再隨同理解和認識一起歸來。

就如同世界上的許多地方，伊朗的年輕人們亦是各有心思，反美或是反政府，都是個人的選擇。

走過蜿蜒長路，我已放棄尋找所謂真實。世界廣闊，窮盡一生都無法看清。我只希望在未來的日子裡，自己能持續走在路上。持續記得，在被視作恐怖主義象徵的黑紗下，我是如何的遇見了伊朗的玫瑰與夜鶯。

　　每個人踏上旅途的原因皆不相同，而我想做的，大概是用自己的雙眼，去看見世界的模樣。

宗教形塑著伊朗社會的一切，很難用好壞一語概括。

詹依潔

兼有旅遊作家、部落客、講者等多重身分，因為好奇世界在媒體外的樣貌而踏上旅途，累積旅行超過 60 國。著有《在歐洲吃午餐、去亞洲吃晚餐：兩個女孩的世界奇幻冒險》、《Lonely Planet 四川和重慶》、《Lonely Planet 東北》、《開始在緬甸自助旅行》……等7本旅遊著作。

🅕 俏鬍子旅行團/Traveling Moustache

7

在墨西哥展開人生新篇章！
跳脫原本的生活思維，

甲思敏｜27歲｜2018｜墨西哥

Mexico

跳開泥淖：不舒適的舒適圈

「什麼事情困擾著妳呢？」諮商師溫柔地詢問。

我當天睡過頭，正倉皇狼狽地抓頭髮，一邊整理自己的情緒，試圖給一個冷靜的答案，我說：「失眠。」才怪！一說完就心虛，內心馬上冒出聲音自打嘴巴，只有自己心裡知道真正的原因是「感情」，只是不好意思說出這麼少女的答案。

感情問題困擾我很久了，離不開愛說謊的前男友，像是被詛咒一樣，每年跨年都跟自己說要放下、要重新開始，但卻又相信他、又見面，惡性循環無限輪迴。意識到情感問題嚴重影響健康時，已經睡不著了，黑夜降臨時我總是過度焦慮，不知道該妥協起身做事情，還是用盡各種辦法放鬆讓自己入眠？唉！反正兩者都失敗了，總是要等到天亮才睡得著。

那時候「人生志願」很簡單，如果能八點起床、早上九點進辦公室打卡、下午六點回家耍廢，就心滿意足了！可是我竟然連這麼簡單規律的生活都辦不到，那我還有救嗎？乾脆出家當尼姑調整作息吧！唉，我當然想要變好，卻沒有力氣爬出泥淖般的生活。

　　我躺在床上滑手機，看到已經退休的旅行部落客分享環遊世界的人生，還提到他們在旅行中遇到的朋友是「Digital Nomad」，這群人只要在有網路的地方就可以工作，而且能自由地在世界上任何一個城市移動。Digital Nomad 翻譯成中文就是「數位遊牧民族」，如果你嚮往旅行，但還沒存到退休金，可以考慮像他們一樣，成為遠距工作者，提早過「類退休」一邊旅行、一邊工作的生活。

　　看到這段文字，我整個人都醒了，眼睛發亮！管他到底要不要睡覺，立馬 google「數位遊牧民族」，結果竟然查不到資料！（當時應該是2016年）不死心的我繼續用英文搜尋 Digital Nomad，找到類似的標題「10 ways to become a digital nomad」，然後卯起來讀、卯起來念，大概是人生中第一次用英文查資料，還把整篇英文一字一句念完，恨不得把所有資訊都吞下去！

　　我像是發現大祕寶一樣，了解到原來遠距工作者除了 IT 產業的電腦工程師以外，還有非常多的選擇，像是語言老師、剪輯師、平面設計師等等，我用僅存的求生意志對自己喊話：「好想去旅行啊！一生這麼長，難道只能在台灣這個小小的島上工作一輩子嗎？如果能完成世界旅居的夢想，那該有多好啊！」

　　不過，什麼事情能讓我一邊旅行一邊工作呢？

喜歡小孩、喜歡教學的我，決定開始學習怎麼當華語老師。

　　雖然低落的情緒與失眠無法馬上治好，但總算逼自己踏出門上課，硬著頭皮花了將近一年的時間進修和存錢，終於存到半年的生活費，也得到出國教學的機會，在暑假期間於墨西哥的中華文化學院當華語志工。

　　選擇墨西哥的原因之一是西班牙文，我總想著：「如果會中文、英文，再加上西班牙文，那麼旅行的時候，就可以跟世界上百分之四十到五十的人溝通耶！」而且沒吃過 Taco（墨西哥玉米餅），只聽過埃及有金字塔，不知道墨西哥也有金字塔，不知道墨西哥人長什麼樣，帥不帥、美不美？這世界上有好多文化我都不知道，好想要了解他們怎麼過生活，他們的一天長什麼樣子？迫不及待希望在最短的時間內，買張單程機票把自己丟出國，逃離台灣。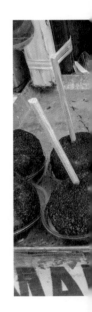

人生歸零：在墨西哥教華語

　　那是我第一次體驗到什麼是「將人生歸零」，放下台灣的專業、工作年資、家人、朋友，來到一個連語言都不通，買果汁都會出糗的地方，而且機票昂貴，不是說後悔就能馬上飛回去的距離。

上圖：海華志工培訓，學習製作手工書。
下左圖：墨西哥人吃蘋果也要裹辣椒醬。
下右圖：墨西哥人吃洋芋片會加辣椒醬。

剛踏入墨西哥國土的時候，就好像嬰兒剛來到這個世界上，每一件事都令我感到驚奇，像是：仙人掌包著起司塊、灑滿辣椒粉與檸檬汁的芒果、停紅綠燈時被強迫洗車付小費、地鐵站每對情侶都在接吻……同時，也常常感到害怕，例如：出門不敢穿短褲、走在街上不敢拿出手機、遇到奇怪眼神的流浪漢只想拔腿狂奔。

　　雖然外面的世界很精彩，但志工服務的六個星期中，大部分的時間都待在中文學校裡。學校在舊市區的革命紀念碑附近，因為墨西哥治安不好，不宜太招搖，所以學校的外觀看起來很像普通的民宅，校門有三道鎖，每次進入學校之後，戒備心就會瞬間放鬆，告訴自己安全了。

　　華語教學志工負責擔任學校的暑期中文營老師，因為墨西哥人常到最後一刻才報名，所以每個禮拜的學生數跟程度都不同，讓我們這些「菜鳥老師」非常緊張，常常不知道該如何備課，只能走一步算一步，但教久了也就習慣了，我想：「這就是所謂的拉丁美洲文化啊！」

　　很多人說：「華語老師必須十八般武藝樣樣精通。」因為文化課要學習的範圍很廣，從切蔥薑蒜、包餃子，到編寫相聲稿子，通通都要會！而讓我驚訝的是，學校的文化課資源很多，平常遊戲區就擺著陀螺跟扯鈴，很多孩子自己玩幾天就會了，反觀台灣的小孩卻

上圖：帶孩子們玩大風吹，複習衣服、顏色等單詞。
下圖：文化課學習舞龍舞獅。

沒有那麼多機會接觸童玩；學校也有合作的舞龍舞獅老師、圍棋老師，讓海外孩子們在學習中文的時候，也能體驗到中華文化的樂趣。

　　學生年齡從四歲到十二歲，大部分是在墨西哥長大的華人，或是華墨混血兒，他們通常在家裡說中文，所以聽說流利，但是讀寫程度較差。其中讓我印象最深刻的是來自廣東的小瑜，她是第一次到中文學校上課，要從最基礎的拼音開始學，剛到新環境怯生生的模樣跟我一樣，但學習認真，上課很聽話，玩起課堂遊戲也非常投入。能教到認真的天使學生我感到非常幸運。

小瑜畫甲思敏。

　　小瑜常常會在黑板上畫我，或是用拼音寫小卡片給我，讓人覺得非常貼心。還記得營隊最後一天放學的時候，她本來已經走出校門，卻又突然跑回來，抱住我的大腿，一句話都沒有說，看得出來她非常捨不得，我也忍不住熱淚盈眶。那是我第一次體會到當老師的喜悅，除了能夠看到學生明顯的進步，也能感受被在乎、被尊敬、被記得與被愛的感動。

　　回想那段教學的日子忙碌而單純，加上離開了台灣，放下所有的感情糾葛，就不會想東想西，失眠的問題也不藥而癒。在一個新的環境下，拿掉過去給自己貼的所有標籤，由於沒有人認識過去的你，甚至可以創造完全不一樣的個性。回想在台灣的低潮期，很感謝當初的自己，即使失落也努力爬出去，才有煥然一新的異國生活！

墨西哥情人：愛在當下

　　我的第一個墨西哥情人叫做安東，我們的緣分算是場意外，在一場趴踢上，一開始以為他是 gay，所以放下防備心跟他跳舞聊天，沒想到後來自然而然變成了朋友，甚至情人。

起初，我們的相處比較像是語言交換，他教我西班牙文，我教他使用筷子、台灣美食。聊了幾週之後，他約我去墨西哥城最有名的觀光景點：憲法廣場（Zócalo）。他帶我穿梭在憲法廣場的巷弄間，感覺置身於哈利波特裡面的斜角巷，穿過一些祕密通道，被很多墨西哥人用著好奇的眼神盯著，搭一部灰灰暗暗的電梯，直達能夠俯瞰整個廣場的景觀餐廳。

　　憲法廣場的遊客很多，過馬路的時候，他自然地牽起我的手度過人潮，我當下心裡小鹿亂撞，但離開人群後，我們的手就鬆開了。因為拉丁人很常擁抱、親吻，所以我無法確定他是否喜歡我。

　　有一次，台灣朋友到墨西哥玩，我特別請安東帶我們品嚐好吃的墨西哥料理，那天賓主盡歡，享受美食也聊得非常愉快。跟朋友道別後，安東散步送我回家，我們的手又自然地牽了起來，這次沒有人放開手，一直緊握著到家門口前，也確定了我們對彼此的心意。

　　安東在鄉下長大，才二十三歲的他，很清楚自己喜歡什麼，並且付諸行動。因為嚮往大城市的生活，廚藝學校畢業後，他就離鄉背井，一個人到墨西哥首都找工作。我們認識的時候，他在高級餐廳的內場工作，但因為墨西哥待遇不好，工資只有不到一萬塊台幣，所以他準備離職，並用這份工作經驗找到美國的工作機會。

　　某一次約會是陪他練習美國工作的考試項目：法式
歐姆蛋。

　　他買了三十顆蛋、生菜、番茄、起司等材料，一次
又一次嘗試不同的比例配方。有個會做飯的情人真的超
級棒！那是我人生中吃過最好吃的歐姆蛋，滑嫩爽口，
他就像是藝術家一樣，一直變出不同花樣。

　　安東讓我體驗到墨西哥暴風式的愛情，因為拉丁人
非常直接、樂於表現愛。我們在古老大教堂散步時，伴
隨著街頭藝人的音樂，他會突然高舉起我的手，優雅地
帶我跳舞轉圈；我們去搭地鐵，下樓梯時，他可能會突

跟安東逛人類學博物館。

然來個公主抱;等公車的時候,他會用那憂鬱少年的深情眼神壁咚我。那段日子回想起來都是粉紅色的,伴隨西班牙殖民式的建築當背景,舊城區別具風味,而我的內心總是小花朵朵開。

在台灣的時候,我對自己非常沒自信,總是認為自己太胖,不敢穿無袖的衣服,也不敢穿比基尼。包括我自己跟幾乎每一任台灣前男友都覺得「我沒資格吃宵夜」。晚上肚子餓的時候,就會有罪惡感,認為自己的外在不夠好,但更糟的是沒有自制力,依舊常常吃宵夜,簡直裡裡外外都沒救了。

第一次在深夜跟安東說我想吃宵夜,但又覺得罪惡不妥當的時候,他用非常疑惑的眼神看著我說:「如果妳覺得吃了心情好,那就吃;如果吃了有罪惡感而心情不好,就不要吃,不管妳做什麼決定都可以,我只希望妳開心。」我聽了傻住三秒,是啊!為什麼我以前這麼在意別人的眼光,而從來沒有問過自己真正想要什麼呢?

很多類似的小事情,因為文化價值觀截然不同,讓我瞬間放下過去對自己的批判,重新找回肯定自己的力量。

跟安東約會的時間大概只有短短一個月左右,他常說我們相遇在最好的時間點,因為他本來的工時很長,可能晚上十一、二點才下班,根本沒有時間碰面,要不是因為轉職期間的空擋,我們可能就這麼錯過了。

　　當我們提到未來的計畫時，他很明確地說，因為他還年輕，想去不同的城市工作、體驗不一樣的生活，所以沒辦法給我任何感情上的承諾。

　　當下雖然覺得遺憾，但我也即將展開一段未知的旅行，所以即使我們眼裡都有對方，卻不會想綁著彼此一起走。拉丁式的感情觀就是活在當下，在一起的每一刻都會接收跟給予滿滿的愛，每天都有聽不完的讚美、擁抱、幸福洋溢。但是關於未來，請不要抱有任何期待，因為沒有人能保證未來，他也不會承諾一輩子只愛妳一個人。

背包旅行第一站：彩色山城瓜納華托

　　志工服務結束後，告別安東，終於開始在墨西哥當背包客了！

　　我跟同事 Becky 搭了六個小時的客運，抵達第一站「彩色小鎮」瓜納華托（Guanajuato）。因為郊區轉運站的標示不太清楚，我們用破西班牙語問公車路線，很幸運地，問到一位會說英文的大學生薩爾瓦多，剛好我們的目的地相同，跟著他一起搭車就對了。

上圖：從皮畢拉紀念碑，俯瞰整個彩色小鎮。
下左圖：瓜納華托的彩色街景。
下右圖：瓜納華托城底下很多山洞，主要讓車子行走。

　　公車搖搖晃晃，椅子、零件的老舊程度，若是在台北早就汰換掉了。駛入黑漆漆的地下道，不禁讓人懷疑，真的是通往大城市的路線嗎？薩爾瓦多會不會騙我們？原來瓜納華托是一個被山包圍的城市，早期盛產銀礦，為了運輸方便，他們蓋很多隧道，地下道的路線四通八達，車子在城市底下跑，行人在路上走，安全而愜意。

　　薩爾瓦多帶我們從地下道的公車站牌往上走到市中心，我們像是原本生活在黑水溝裡的老鼠，突然看見外面的世界興奮無比，雖然天色已黑，但映入眼簾的街道小巧美麗、色彩豐富，墨西哥樂隊在餐廳、在音樂廳前大聲歌唱，舟車勞頓的心情也一掃而空。

　　隔天一早，熱情的薩爾瓦多已經在背包客棧門口等著我們，為了避開人潮，越早出發越好，他迫不急待要帶我們探索這座小鎮。比導遊還專業的他，幫我們取景拍網美照，短短一天就跑了三、四個景點，像是聖多明哥大教堂、華雷斯劇院、親吻小巷，還搭纜車上山到皮畢拉紀念碑，俯瞰整個彩色小鎮。

上圖：跟薩爾瓦多合照於皮畢拉紀念碑，俯瞰整個彩色小鎮。

下左圖：跟 Becky 在木乃伊博物館，攝影師是薩爾瓦多。

下右圖：在瓜納華托大學的天文台看火星。

　　第二天，他竟然翹了半天課帶我們去逛市集、參觀木乃伊博物館。博物館比較特別的是孕婦木乃伊、嬰兒木乃伊，雖然眼睛已經不見了，但是仍能看到他們死前的臉部表情，非常驚悚；外面賣的紀念品也有很多奇怪的吊飾，像是手指頭跟棺材，超詭異！

　　薩爾瓦多好不容易回學校上課時，順便把我們偷渡進瓜納華托大學，進而認識了一群他的同班同學，晚上還帶我們到天文台用專業望遠鏡看火星！一連串的熱情招待，只讓我們覺得自己好幸運好幸運，能體驗到一般觀光客沒有的在地行程。

墨西哥亡靈節：
死亡不過是到另一個世界繼續狂歡

回台灣前的最後一個願望，就是體驗墨西哥的亡靈節。

亡靈節在每年的十一月一號到三號，有點類似清明節，以前是寧靜、慎終追遠的節日，但是這幾年因為電影「可可夜總會」的推波助瀾，讓亡靈節聲名大噪，湧入大量觀光客。從十月開始，就能看到墨西哥城市容的改變，行道樹多了很多萬壽菊的盆栽、家家戶戶門前擺放供桌、商家員工的臉畫成骷髏頭為你服務，整個城市好像一場大型的變裝舞會。

亡靈節第一天，我跑到墨城最熱鬧的憲法廣場閒晃，第一次畫臉的體驗非常新鮮，畫臉的攤販只有一盤顏料跟一把椅子，就開始在大街上做起生意，一張臉一百披索（約一六〇元台幣）對商家跟觀光客來說都非常值得！

幫我的臉打白底的是一個瘋瘋癲癲的大叔，上半身裸體搭配紫色系彩繪，他一邊跳舞，一邊吆喝拉生意，再拿著水彩筆在我臉上撇幾筆，非常忙碌。他帶著濃濃的酒氣跟我聊天，讓我心驚驚害怕自己會被畫得很醜，還好後來另一位姐姐接手，她畫得很仔細，成果我很喜歡。

憲法廣場的亡靈節大型佈置，讓遊客拍照留念。

亡靈節體驗畫臉。

　　亡靈節第二天，我決定到郊區 Mixquic 的墓園參觀，說起來有點奇怪，我竟然要去看墨西哥人怎麼掃墓！

　　抵達郊區小鎮後，一下車就有兩尊超巨大的骷髏頭迎接觀光客，目測約兩三層樓高，接著就像是逛廟會一樣，一整排的攤販，賣著骷髏頭麵包、Tacos、紀念品、射擊遊戲等等。

　　墓園在一座小小的教堂旁邊，墳墓間的走道很窄，一個人穿梭其中都覺得有點擠，但佈置得很漂亮，以不同顏色的花瓣排成耶穌、愛心等圖案，家家戶戶一定會擺上橘色的萬壽菊，象徵指引過世的家人找到回家的路。

一下公車就看到超巨大的骷髏頭。

　　拿著單眼相機拍墳墓感覺真的超怪，不管對象是死人還是活人，都害怕會打擾到對方，但也有看到其他觀光客拿著相機拍照，只能說服自己每座墳墓都是每戶人家的藝術，而我有幸能參與，並替他們記錄這美好的一刻，非常幸福！

　　問路的時候，很幸運地遇到一位移民美國的阿姨，她的英文很好，我不禁直接向她請教：「觀光客會不會打擾到墨西哥人過亡靈節？」

阿姨說：「有一點，像是十一月一號是最多人祭祀的時候，可是小小的墓園擠滿觀光客，如果不巧碰上下雨，花跟食物很容易被踩倒，也無法安靜地禱告，所以才選第二天到墓園祭拜，避開人潮。」

　　我聽了真是汗顏，也盡量保持禮貌，拍照之前先取得同意。

　　我又問阿姨：「亡靈節到底是開心的節日，還是凝重的節日？」

墳墓上用花瓣擺出耶穌的圖像，橘色萬壽菊則象徵指引過世的家人找到回家的路。

夜晚的蠟燭與花朵，帶有寧靜和追思的意義。

她說：「是生命的節日。遊行、畫臉那些是這幾年才有的，大都是配合觀光客而舉辦，這兩年因為電影可可夜總會這部動畫片，帶來了更多觀光人潮，但傳統的亡靈節是跟家人相聚，甚至在墳墓旁守夜、點上蠟燭，家人圍繞著墳墓一起聊天，追憶已逝的家人。」

聽完阿姨這席話，我有點小震驚，因為大部分觀光客只看到熱鬧、狂歡的亡靈節，不太了解追思家人的涵義。我也問過很多年輕墨西哥朋友一樣的問題，他們大多持開放的態度，歡迎觀光客一起參加遊行、派對，可見不同世代間的看法不太一樣。只能說墨西哥人真的很好客、很喜歡熱鬧，才會雙手迎接遊客，舉國同慶象徵死亡的節慶。

對墨西哥人來說，死亡並不可怕，死後只不過是到另一個世界繼續作伴。

觀光客市集中，常見的紀念品是各種服裝造型的公仔骷髏頭。組合型的骷髏頭們，通常是「一家骷髏頭」在客廳吃飯，或是「一群骷髏頭朋友」組樂團唱歌跳舞，原來死亡不是傷心難過的事情，靈魂到另一個世界以後，依然可以跟所愛的人繼續無限狂歡。

憲法廣場的亡靈節大型造景，讓觀光客體驗拍照。

活在當下：游牧人生ing

如果你問我，在墨西哥當華語志工和背包客半年後，最大的改變是什麼？我想，就是價值觀的思維變化吧！

人生觀方面，因為亡靈節而對死亡有了新的定義，原來走進人世間這一趟，好像是一場遊戲一樣，盡情享受人生的酸甜苦辣，死後也不必傷心，可以到另一個世界繼續與所愛的家人、朋友狂歡。

感情方面，我放下許多執著，放下長遠的規劃，放下腦袋設定的條件，讓心跟著感覺走，體驗情感的流動。當你把每一個當下都顧好、每一分每一秒都盡情享受，人跟人之間的情誼自然相扣，反而更緊密不容易斷開，那麼美好的未來就等著你了。

旅行結束後，我很幸運地拿到墨西哥中文學校的聘書，成為正式的華語老師，在墨西哥工作那一年，認識了很多數位遊牧民族，他們讓我相信「一邊旅行一邊工作」不是夢想，只是生活方式的一種，也給我更多勇氣，後來將所有工作、事業都轉到線上，成為數位遊牧民族，如願在世界各地過著自由旅居的人生。

甲思敏

打算至少數位遊牧十年以上的華語老師，致力於幫助喜歡教學與旅行的朋友，展開數位遊牧的生活，實現旅居世界的夢想！

曾旅居於墨西哥、泰國、印尼、埃及等國家。

《甲思敏遊牧生活》Podcast音頻節目主持人、《從0到1線上華語實戰課》創辦人。

f 甲思敏 遊牧生活 Jasmine Journey

159

8

一個人的公路之旅

逃離舒適圈，

小象｜28歲｜2022｜美國

USA

公路之旅開始！

疫情來了！改變全世界的災難降臨

從 2020 年開始，疫情肆虐全球，原本在舒適圈的我們，生活步調與熟悉的環境瞬間被命運大肆洗牌。

還記得疫情發生之初，我的最後一團在澳洲旅行，帶領著整團客人出境時，前方一對白人夫妻轉頭指著我說：「妳幹嘛戴著口罩？」

我說：「外面有疫情，戴著口罩預防。」

他們說：「那要把整個人都套住才有用。」

我正想翻著白眼繼續往前走時，他又補了一句：「你們 Chinese 都待在自己國家就好！」

是的，我甚至不知道疫情會如此嚴重，而接下來的一年多，不只「我們 Chinese」，全世界的人都只能待在自己國家了。我心裡竊笑：他們肯定也沒料想到有一天會「淪落到」需要戴口罩才能出門。

那年春天，我們都被迫改變原有的生活習慣，對於曾經是外語領隊的我，以飛機為交通工具、飯店度假村為落腳處，這一切都改變了。

不能出國、不能帶團、不能享受自由，就這樣回到最原始的樣子「留在台灣」，卻也開啟我全職 Youtuber 的人生。

我要落跑了！
放棄百萬薪資，不當錢的奴隸追夢去

現今社會裡，每個人對於「成為 Youtuber」總會抱持著美好的憧憬，就跟小時候的我們一樣，當一個閃爍耀眼的巨星在電視機裡表演，全台灣的人都會認識他。而現在的我就像是當初電視上的明星一樣，是個家喻戶曉的大人物，人人稱羨，有名氣、有收入、有影響力。對，我就是一名 Youtuber。

曾經為了記錄生活而拍攝的我，眼看著訂閱數愈來愈高，業配也隨波增長，漸漸開始變質了。拍攝不只是為了記錄，逐漸變成「工作」，2021 年底，因為工作量暴增，對影片的要求也更加嚴格，甚至已經走在崩潰邊緣的我，依舊堅持無論如何都要努力賺錢。

直到某個合作廠商收到我完成的商業影片，他說：「這跟我們當初預期的影片有落差。」這對我是個很大的打擊，當天晚上還因此做了惡夢。

當時的我，第一次為了拍攝影片失去了信心，我心想：「一直以來我都認為拍攝影片是在做有意義的事，而我現在在幹嘛呢？」

所有留下來的影片與記錄，都是希望老了之後，可以拿出來給子孫唱秋，你看阿嬤以前多蝦趴！但是，那一刻突然對所謂的「意義」產生質疑，我現在到底在做什麼？為什麼而做？

我是錢嫂子，但不是錢奴，如果商業合作會失去自己的特色而喪失喜愛的事物，那我寧願選擇離開。

跟一個朋友聊到「夢想」，對於這詞語大家應該都不陌生吧？從國小開始，老師都會要我們寫出「我的夢想」，任何一位單純可愛的小孩都會知道這簡單的名詞。

夢想隨時掛在嘴邊，我的夢想是當老師、我的夢想是開飛機、我的夢想是看極光……

朋友突然說：「我不相信夢想，對我來說就只是『完成一件事』，不是什麼夢想。」

他認為夢想這種東西不切實際，很多人掛在嘴邊誇耀著，其實都只是說說而已從來不付諸行動，實在不該拿這種虛偽的詞語欺騙大眾。

而好勝不服氣的我立馬拿出一番大道理跟他辯論起來。

夢想，對每個人的定義都不同，有些很簡單有些很遠大，小女孩夢想擁有一個家庭、流浪漢夢想有一頓飽飯，對他們來說，這是又簡單又困難的事。試想如果我們的生活少了這些夢想來加油添醋，豈不是太枯燥乏味，它就像是一個調色盤來豐富我們單調的日子，讓工作更有目標、讓生活更有動力。

的確，你可以說它只是「完成一件事」，但如果它成為一個「夢想」，會更加美麗。

　　我甚至不曾覺得這趟美國公路是我的夢想，當初只想著要做點不一樣的挑戰跟不一樣的話題影片，才踏上這趟公路旅行。

　　但突然有好多粉絲回覆我：「謝謝妳完成了我的夢想。」

　　我從來沒想過，對我來說一張機票隨時都能出發，甚至享受其中的事，竟然對許多人來說是一場遙不可及的「夢想」。

　　如果此時說，這不是我的夢想，我只是完成它而已，對許多人來說這個美麗繽紛的夢想泡泡會瞬間被戳破，然後消失殆盡，以此為目標的粉絲們，就會少了很大的憧憬與動力。

　　人生，就是需要這些色彩來填補空虛與辛勞，才能懷抱希望，努力下去吧！

　　而我也就這樣走上美國公路。

Slab City 被遺忘的城市！
自由的人設，要怎麼定義？

踏上美國公路的開端，除了馬上被加州警察開張罰單後，一切都是自由奔放的快樂，像是吃上一顆顆甜蜜的巧克力，精神亢奮地在公路上奔馳，聽著熟悉好聽的英文歌，我逐漸融入在高速之中，享受吧！一個人的旅行生活。

我在 Google Map 上面滑著地圖，想著今天要準備落腳的地方在哪？對，你沒看錯，我沒有把行程規劃出來，出發前只訂好一台車，以及決定的終點站「佛羅里達」，其他什麼都沒有，這也是第一次那麼任性的出遊，一切交由命運決定，感覺對了，那就往這邊走吧！

突然，我發現遠在加州南端有個大湖「鹽城湖」，繼續拉近地圖，竟然有個神秘的自由之城，沒有市長，不用繳稅，沒有公共建設的城市 Slab City！

我驅使著房車，輕撫著眼前的景色，像是一段段不同的片花，愈往南開沿途景色愈是變化劇烈，從華麗又參雜混亂的大城市一路經過酷熱乾燥的荒涼沙漠。最後我看到一大片反射著夕陽的光──水波粼粼的湖像是個巨大的反光鏡，綿延整個公路旁，仿佛來到了人煙稀少的人間天堂。

但目的地還沒有抵達，離 Slab City 還有一段路要走，那我就加把勁開吧！

我開向前方完全漆黑的道路，唯一的光源是我的車頭燈，一段路之後，迷迷糊糊地看見許多老舊的廢棄房車停在塵土飛揚的沙路旁，這到底是什麼地方？連一盞路燈都沒有！而地圖顯示我終於找到在 Airbnb 上訂的 Hostel 了。

「這真的是有人住的地方嗎？」

果不其然，這兒充滿著廢棄的露營車，連大型廢棄巴士都有，沒有任何建築、鋼筋、水泥，只有用帆布蓋住的銅鐵皮屋，何不知道從哪撿來的各種破銅爛鐵。對，就是這裡，就是我要來的 Slab City！

看過《瘋狂麥斯》嗎？在沙漠裡生存的嬉皮們，以星空為頂，以車為屋，以塵沙為床。不需要天天洗澡，沒有交易行為，居民以物易物，沒錯，真的是這裡了。

有個頂著兩撮長辮白鬍子的人突然走了出來，他穿著小精靈的棉質睡褲，開心地從舊鐵屋中走了出來，大喊：「Welcome Tina！」他是 Airbnb 的屋主 White。

上圖：Slab city 我住處的房東。

下圖：Slab city。

高速公路上沒油，幫我加油的大哥。

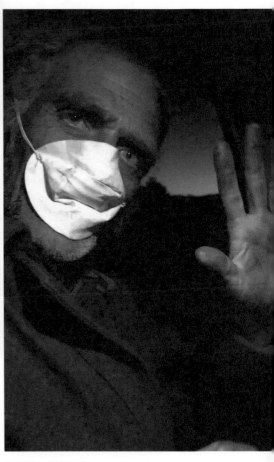

我載了一名流浪漢。

我從來沒想過我竟然會在疫情期間來住這種地方，跟他們一起窩在一個鐵皮小屋，裡面貼著許多六〇年代的海報，還有一個裝天線電視？左鄰右舍各自從廢棄露營車出來，聚集在這個破小屋裡看著美式橄欖球，我跟他們一起度過了激動呼喊著得分的夜晚。

還記得，那天我問 White 為什麼你們會來到這呢？他說了很多原因，但最重要的就是「自由」。

我載了一個流浪漢！
不曾停下車的我，這次停下了

那天，我載了一名流浪漢，在大家開始緊張害怕之前，可以先繼續看下去。

傍晚時分，我開著車前往住宿，就在十字路口左轉時，突然看到一名黑影出現在馬路旁，他挺著身、舉起大拇指，向路上望著。

我放慢車速，想著，這不是我三、四個小時前，往陶斯路上看到正在走路的男子嗎？

當時的我還想，難不成美國也有徒步環島？

大家的第一反應絕對是：「繼續開不能停，很危險！」、「不知道他要幹嘛」、「可能會騙你」、「是壞人」等等。這種刻板的印象也使我順勢開了過去，並沒有停下車。

　　在我放慢速度時，他放下了手往前一步，卻發現我並沒有停下車，我從後照鏡往後看，他不但沒有露出失望的表情，反倒向我點點頭表示感謝，並再次把手舉了起來。

　　離開不到十秒的時間，我迅速掉頭回去，我想著，當自己在徒步環島時，因為走不到住宿的地方，也曾站在馬路旁舉著手，望著每一輛經過的車，多渴望他們能夠停下來載我一程。

　　而今天，戶外溫度僅僅零下一、二度，不知道他要站在那裡多久？

　　我停在他身旁時，他開心地往前向我致謝，我詢問他要前往的地方，其實距離我的住處車程約莫二十到三十分鐘，來回就要花上四十多分鐘。

　　但只要想到，當我在房間舒服地吹著暖氣，他可能還站在那個路口等著下一台願意停下來的車子。

　　他不疾不徐地把東西放上副駕駛座，一個破爛的後背包塞著一把老舊的破吉他，一大瓶水跟一袋新鮮的食物。

　　坐上車後，開始慌忙地找尋他的口罩，拿著一個小型的手電筒照著照著，也因為看不到字，還必須時不時地戴上老花眼鏡，才能看到 GPS，指路給我。

　　我這才真正看清楚他的樣貌，乾淨整齊的臉龐，夾雜著許多皺紋，些微的鬍渣，滿頭的白髮摻了少許黑髮。

　　那緊張翻著口袋的手，灰暗的光線下滿是黝黑，並不是天生的，而是長期累積的污垢。這才知道，他不是一般人，應該是位 Homeless（流浪漢）吧！

　　他說每隔一天都會到城鎮上彈著吉他賺錢，今天剛好去買點食物，耽誤了回家的時間，所以在路邊等著有沒有車願意載他一程。

　　接著從包包裡拿出一本手寫的歌詞樂曲本，開始驕傲地跟我介紹他的歌單，講著每首歌名時，還不時地哼著歌、介紹給我聽（但說真的他唱得不太好聽 XDD）。

　　可是我卻看到，他沈浸在享受這些八〇年代帶來的美麗曲目中。

二十分鐘後，我開到烏漆墨黑的僻壤中，他指向前方破破爛爛的木頭房說那是他的家，我看也奇怪，沒牆沒壁沒屋簷，整遍荒蕪，連一盞光都沒有，就幾根木頭插在那裡，確定能住人嗎？但他竟然真以此為居。

　　就在離開的時候，他向我再次感謝。

　　並說到：「通常都沒有人願意停下車來，謝謝妳今天載我回來。」

　　我問：「都沒有人停車，那你怎麼辦？」

　　他說：「總會等到的，不然就用走的吧！」

　　看著他年邁的臉戴著一個破爛到不堪的 N95 口罩，卻笑著對我說這件事，雖然他路上跟我抱怨美國政府，還說他投票給川普，但我感覺到他對生活的韌性比起我們還要大，雖然沒有富裕的日子，也是坦然過著每一天。

　　最後我送上五片口罩給他後，就跟他道別了。

　　從沒想到，我竟然會載一名流浪漢？

　　但很開心能夠幫助到他，不用在外面凍著，提早回家了。

住在神奇鳥居！？
最孤獨的一個人旅行

如果要我評比世界上住過最有趣的地方，絕對非它莫屬。

在佛羅里達州，有許多森林遍佈、沼澤蔓延的地方，甚至很多地方沒有網路訊號，我想著也是奇怪，在美國佛羅里達竟然還有完全沒有訊號的神奇區域。

這趟美國公路之旅，我除了知道要從加州一路開往佛羅里達之外，沒有多做其他必去的景點功課，一路走來也都是邊走邊查詢邊訂房。

直到後來，旅程的方向變為住宿導向，哪裡有特別的住宿我就往哪裡去。

那天，天時地利人和的情況下在 Airbnb 上找到一間評價非常高的小木屋——「鳥居」，腦波很弱的我連住宿資訊都沒有看清楚就毫不猶豫地按下確定鍵訂下這間旅宿。

開始進入荒野的前三十分鐘，突然發現手中的電信訊號愈來愈差⋯⋯

「到底發生什麼事？」

趕快開回尚有一格訊號的地方，查看入住須知才發現──什麼！入住的地方竟然有評價「沒有網路」？「沒得洗澡」？「Open Air」？

我到底有沒有看錯，沒有網路跟不能洗澡就算了，Open Air 我還是第一次聽說，而且住過的都說晚上很冷，那我這樣不會凍僵嗎？

事到如今，訂了兩晚超貴的「鳥居」，怎麼說都要拚一次老命開到這住一晚吧！

就在我開始進入荒野時，四下的民宅稀稀落落，直到再也無法看見任何一棟建築起，所有光源也隨之消失。

「我到底是要睡幾次這種四下無燈的地方啦？」

終於抵達目的地，我癡呆地看著門口，這裡到底是哪裡？為什麼連接待處都沒有？

看著伸手不見五指的荒林，走在摸不清路線的漆黑小徑上，終於看到佇立在一旁的小木屋，整個建築就像是個放大的鳥籠，呈現五角形狀，沒有玻璃窗戶只有紗窗，對外全都是半開放式的，窗簾、玻璃、門鎖都別想了，什麼都沒有，我站在門口，心中大喊著：「這真的是個『鳥居』啊！」

鳥屋。

上圖：被打破的車窗。
下圖：阿拉斯加幫忙的民宿老闆。

就這樣，我第一次入住赤裸在外的民宿，大半夜還不禁被寒風冷醒，孤苦伶仃地等待太陽升起。

這裡真的是個適合享受與世隔絕的地方——但是！我都已經一個人出來了還與世隔絕個頭啦！

旅途上總有永生難忘的悲劇

即使是經驗豐富的旅人，在旅行途中依舊什麼事都有可能會發生。這趟長達四個月的流浪之旅，也不意外地產生了很多插曲。

在紐奧良參加嘉年華時車窗被敲，記憶卡被偷；在佛羅里達高速公路上車子沒油，等待三小時的救援……身為旅行多國的領隊導遊，以往都相當淡定，沒想到竟然會為這件事情崩潰——

今天是要去阿拉斯加的日子，班機是：奧蘭多—西雅圖—費爾班克斯。

由於第一段班機大delay而導致沒辦法趕上西雅圖的轉機，在機場等了二十四個小時後，又多坐了兩段航班，終於抵達費爾班克斯（Fairbanks）！

除了換班機、改轉機、等櫃檯開始上班等等，第六感總覺得不太妙，「行李會如期跟著我同班機到達費爾班克斯嗎？」

　　我在西雅圖機場再三確認我的行李會不會跟著過來，阿拉斯加航空地勤人員斬釘截鐵地說：「會。」

　　報到的時候再次確認，他們也回覆相同的答案。

　　最後在安克雷奇（Anchorage）轉機時，我還拿著行李條碼確認，地勤人員毫無疑慮地說：「行李會準時抵達。」

　　也因為班機延遲，早在收到延遲訊息時就打給租車公司「Budget」更改取車時間，他們也說會幫我保留十二個小時，並且已確認。

　　同時也寄信給當初我租車使用的第三方租車網站「Rentalcars」，請他們幫忙更改取車時間，他們立馬回信說，能夠保留到下午兩、三點，已通知櫃檯沒有問題！

　　原本凌晨兩點就該抵達費爾班克斯，終於在中午十二點抵達了，殊不知悲劇現在才要開始……

租車公司 Budget 說：「沒有車，妳應該在早上七點取車，由於沒有取車，已經租給別人了。」

我詢問：「我不是有打給你們公司請他們幫改預訂單時間嗎？」

他們說：「我們沒收到！我在這邊一整天都沒收到消息，妳本來就應該打給我們機場的 Budget，而不是公司。」

我整個大傻眼！他們的態度就是一副「我們沒車喔！」的樣子，完全沒有想要處理問題。

沒有車，沒有行李，冰天雪地下，我盡所有可能打遍全部租車公司，甚至私家車租借都詢問，但因為春遊旺季，一台車都沒有！

此時一團混亂的我，忽然想起——行李呢？一轉頭，行李轉盤已空，我的行李沒有在這！

抱著緊張又害怕的心衝到行李服務櫃檯詢問，他們說：「妳的行李還在西雅圖，不知道什麼時候會到。」

終於忍不住大潰堤，莫名其妙地在機場爆哭。平常我不會因為這種事而流淚，行李延誤早就發生過，飛機delay 也只是常見的芝麻綠豆事。

但這次的事件，讓我一再消耗精力——只睡一小時，班機延遲、轉機、換機、轉機。

當時心想只要可以到費爾班克斯追極光，發生什麼事都沒關係。結果沒車、沒行李、沒腳架、沒衣服，什麼都沒有？

來過阿拉斯加的人應該就知道，如果沒有車，等於是一個廢物哪都不能去，連最重要的極光，都無法捕捉。

但，壞事發生後，好運就來了。

如此悲劇的事情發生後，難道只能待在小木屋裡發呆吃泡麵了？

第一晚，我拿著相機走出木屋外，一大片森林荒野之下，整條烏漆墨黑的雪路只有我一個人一步一腳印地往 Tanana River 走去。

月夜光韻照映這荒蕪，當我抬頭，發現沒有看過的綠色光芒——那就是極光嗎？！

我急忙著踩著軟趴趴的雪衝往河面上，殊不知當我抵達時，那道神奇亮光已經消失……就這樣我錯過了第一次拍極光的機會。

只在這裡住三晚的我，時間非常緊迫。但天無絕人之路！透過粉絲的介紹，我認識了在地超強地陪「世雄哥」。

他知道我的悲慘遭遇後竟然說：「妳也太可憐，反正我這幾天沒事，讓我帶妳去追極光吧！」

就這樣，在離開費爾班克斯的前一晚，我看到了一大片爆炸式的極光在眼前舞動！紅、黃、綠，三個願望一次達成！沒錯！我追到幸福極光啦！

我們在北方高處平台等了四個多小時，用延遲攝影記錄了這絢麗的時刻，突然世雄哥跟我說：「聽中國人講，在極光的見證下做小孩，會發大財？」

好的，我並沒有這個機會謝謝，哈哈。

暴衝人生！
只要是我想做的事，就一定要做

大家著有沒聽過一個故事叫「怎麼讓小孩不愛畫畫」？小孩子很喜歡畫畫，但畫畫賺不到錢怎麼辦。

第一步：就是先稱讚他的畫，並且給他錢當獎勵。

第二部：將他的畫與錢畫上等號時，開始批評他的畫，降低每次的獎勵。這時畫畫的動機會由內在單純為了快樂的動機轉化成外在動機「為了賺錢」。

最後一步：批評畫作沒有任何價值，並且日後再也不給予獎勵。

由於轉移成外在動機且剝奪了動機，孩子就再也不想要畫畫了。

我們會因為外在環境與心理變化而改變自己的人格，或許在小時候，吃上一塊好吃的蛋糕、買一份麥當勞、去一趟公園玩、滑一次溜滑梯，就已經是滿足。

直到我們年紀愈來愈大，生活會被太多現實取代，產生許多「不得不」。為了生存我不得不向錢低頭、為了家庭我不得不放棄自由、為了未來我不得不放棄興趣。

莫忘初衷，千萬不要成為一個無感的傀儡，人生要為了自己去冒險、去嘗試，而不是成為他人期待的工具。

或許很多人都會羨慕，我有錢有閒有能力到處跑。但是當你在羨慕他人的同時，可以先想想，羨慕之餘，你行動了嗎？

雖然我在家境困難的環境下長大，但是長大後無論後果會是什麼，只要是我想做的事，那就馬上去做。

因為人生只有一次。

「沒什麼好害怕，沒什麼好擔心。」當這些念頭一出現，差距就產生了。

我的暴衝人生就像是雲霄飛車，上車時，開心尖叫興奮，安全帶繫上，安全扶把鎖上，雲霄飛車開始運作，緩慢地往高處行駛，慘了怎麼辦！我後悔了，我想下車，我不想玩，但能下車嗎？

最好是可以！

就在最高峰的那刻，心臟像是停了一拍，好恐怖！

瞬間劇烈狂風擦過雙頰，一路向下俯衝，呼吸暫停了一秒，在這不合邏輯的速度與外在衝擊下⋯⋯

　　「好爽！」感受突然現身，這不就是我想要的結果嗎？我想要感受生命的高潮迭起。

　　所以！做吧！你到底有什麼好後悔的？

小 象

Youtuber兼職外語領隊的暴衝系網紅。
旅行就是邊走邊體驗，旅途上遇到不如意的事也要笑笑接受。
直到現在英文口說還是沒有很強，但依舊半打半闖地走過世界各地。
一路上什麼怪事沒發生過？一轉眼全都成為了旅行中最難忘的回憶。
有些事這輩子不做，你這輩子可能都不會做！所以跟著我們一起出發吧！

f 小象愛出門

9

約
定
之
旅

楊迷斯 ｜ 29歲 ｜ 2017 ｜ 印度

India

拍攝於印度四色城之一的 Jodhpur，拍攝者是當時路上結識的旅伴，沒
想到成為一輩子的伴侶。

「如果有來生，你會想來當印度人嗎？」

這是我抵達印度後碰到的第一位印度人 K 說的話，他是一名公車司機，我們在巴士站相遇。因為我是此時那刻唯一的外國臉孔，他興味盎然地打量著我。

也許是我們本來就互不相識，也許是他並不是我將要搭乘的巴士司機——時刻一到，他就會驅車離去，而我也有自己的方向——因此，我們把話聊得很開，彷彿把心裡話一股腦兒地傾瀉而出，有問必答，絲毫不必遮掩。

他說了很多家裡的事情，包含他三個妹妹，然後他突然問我要不要娶一個回家，只要多少多少錢就好，我都有點分不出這是娶還是買。那天清晨我還在尼泊爾藍毗尼（Lumbini）的韓國寺廟過著僧侶的日子，下午就遭此桃花劫，不枉費人家說印度絕對會刷新你的三觀，我見識到了。

時間一到，K 踩上了駕駛座，我理所當然地拒絕了他的「交易」，但基於他是我入境印度後第一個聊天的朋友，我還是笑著揮手歡送他駛離我的視線。

在印度與尼泊爾邊境城市居住的韓國寺廟。

　　我等的車還要再晚個半小時才出發，但其實也難說真的只要半小時，即使時刻表確實也是這麼寫著。「準時」在印度就像白色謊言，那是給不起的承諾，別太苛求，該來的時候就會出現。

　　最後我等了好幾個小時，車子才緩緩開了進來。

在印度，漫長地等待是常態，他們習慣把本來不合理的事情變成合乎常理。即便知道沒有準時發車這回事，印度人仍然會在表定出發時間出現，然後就是無盡地等待。延遲的車次愈多，站內就愈加擁擠，人們會在地上鋪一張毯子，一屁股坐下或躺下，五覺關閉，只剩耳朵敞開著，等待廣播一遍遍放送。如果你等的剛好是夜班車，那車站大廳不像大廳，反倒像收容所，這樣的景象儼然已成為城市風景的一部分。

巴士站距離尼印邊境只有兩三百公尺，這裡沒有二十四小時開著的超商、沒有隨處可見的連鎖店與毫無特色的高樓大廈。對背包客來說，這或許是旅行追求的目標之一，找尋與自身文化不一樣的多元性與豐富性。想想看我們遠道而來，應該不是期望見到在自己原本生活的城市裡就有的東西。

兩國之間的三不管地帶也很有趣，出了尼泊爾，但還沒進印度之前，護照上的印戳表示腳踩著的已經不是尼國，但又還未獲準入境印度許可，此時彷彿處在另一個時空，誰都不管，也不知道該歸誰管。但心裡還是很懸，要是印度禁止入境，還回得去尼泊爾嗎？我環顧四周，沒幾間房子，但有小吃攤子，也有不少換錢鋪子，起碼不會餓死了。

印度辦理入境簽證的辦公室比巴士站還遠，從邊界線過去好幾百公尺。我沿途找著，看到路旁店家有冰

箱，就隨即停下腳步購買冷飲，有看起來肚子不會太痛
的當地小吃就扒一點充飢，這樣走走停停吃吃喝喝，都
忘了自己目前還是個非法入境的背包客。

　　辦完簽證，走到巴士站，沒有網路的我只能等待。
等搭上了巴士，自窗戶望外，天色漸漸昏暗，才發覺我
這一天幾乎沒做什麼事，這漫長地等待很印度──啊！
這裡就是印度。

恆河邊上虔誠的信仰。

聖城瓦拉納西 Varanasi

大雨滂沱，沒有排水系統的城市變成大型戲水池。最深處可以淹到大腿，最淺也是膝蓋，我以為的大難將至，在印度人眼裡，這只不過是日常。

瓦拉納西（Varanasi）是印度北方邦裡的一個城市，它之於印度，就像南京之於中國。悠久長遠的歷史與亙古不變的傳統文化，讓它成為了探索印度的必經之地。

這座城市的容貌在這百年間沒有太大的變化，尤其是沿著恆河岸的景觀。看著十九世紀的畫作，畫家筆下的恆河邊景與今日相差無幾，如果不說出畫作的年代，你猜想是近十年左右的新作也不疑有他。

我抵達這座城市的時間約莫是凌晨一點多，街道已經一片死寂。大雨過後的積水反映著月光，形成天然的路燈，但同時水也囤得老深，輪胎劃過、濺起的水花飛散，當水波再次隕落拍打到地面時，聲音能讓我輕易想像之前的雨勢有多大，慶幸此刻是停雨的。

我與兩名背包客分攤乘坐一台嘟嘟車進城，由於我沒有網路，也沒有預訂任何一間青旅，我只能先到他們

住的旅館借用 WiFi。他們要我乾脆也住下，但我看著
房間價格，只能望錢興嘆，口袋有多深，自己還是清楚
明白的。對背包客而言，還是青旅平易近人，若想要延
長旅行的限期，那就只能事事價格導向。

離開了旅館，旋即轉入黑暗，再度踩著月光前進，
前往低廉的幾家青旅碰碰運氣，看看能不能因為已經凌
晨而給予一些折扣，同時，這個方向也通往恆河。

「何不先去恆河看看？」心裡想著。凌晨兩點跟三
點入住並沒有太大的差別，但不想等到白天才與恆河見
面。

在往恆河的路上，人煙雖然沒有，但仍有不少生物
橫行街頭。我出生的鄉下，在未上小學前，隨處可見
雞、豬、狗這些可愛的牲畜在巷弄散步，但在印度遊蕩
的不只牠仨，還有牛、貓、猴子、老鼠，尤其牛群更是
無所不在。很難想像火車站內竟然也有牛群，人們在等
車，牛也在等，這或許就是印度交通工具永遠無法準時
的原因吧！

凌晨兩點多的恆河很寧靜，我坐在台階上望著，同
時也想著——

還未抵達前，我總是有種排斥；落地之後，卻又捨不得離開，印度就是這樣一個特別的地方。（拍攝者／旅伴阿土哥）

「阿嬤，我們終於到印度了⋯⋯」我緊握著胸前放有奶奶照片的卡套。

「我們約好的⋯⋯」

入住青旅後，拖著疲憊的身軀很快就昏睡過去。至於費用，由於櫃檯小哥也犯睏，就這麼被忽略了。

恆河邊的火葬

經歷生死有兩種，一種是自己，另一種是目睹，都是刻骨銘心的。

在印度，恆河就像是母親，孕育著印度文明，如同黃河在中國的地位。而在瓦拉納西，每天晚上會舉辦盛大夜祭來表示感謝。祭司用音樂、舞蹈，加上無畏風雨的信徒成群守候在一旁，來呈現對恆河的尊敬。

恆河也是印度人的一生，從出生到死亡，都在母親河的見證下完成。沿著河岸，常會看到篝火般擺放的木堆高高疊起，一叢一叢的，除非大雨來襲，不然無時無刻都濃煙瀰漫，那燒的是屍體。

印度人至今仍保留著露天火化死者遺體的傳統，火葬場在瓦拉納西有好幾處。雖然政府建有電力焚化爐，但大部分居住在恆河邊上的印度人，還是傾向用傳統方式來處理人生在世上的最後一件大事。

窮人與富人從木材的多寡、品質、包裝可以明顯區分。男人、女人、孕婦、孩童也都有相對應的處理方式。據說瓦拉納西每天至少有兩百具屍體被焚燒，一旁的台階上始終有人坐著，他們是親友，眼裏閃爍著火光，他們相信，用這樣的方式可以讓死者通往更美好的未來或在下一個轉世過得更好。

作為遊客，我們總是對與自身成長環境迥異的文化感到好奇。

在青旅享受了幾個小時的睡眠後，我再次走到恆河邊。黑煙繚繞升騰，這是我第一次這麼近距離目睹火葬，不自覺地慢慢靠上去。我想這應該不能拍照，手機放在口袋沒拿出來。

這時突然一個人靠近過來。「Photo photo, 100 rupee（盧比）.」

我本來想解釋我沒有拍照，但後來發現他並不是要阻止我，而是希望我能購買「拍攝權」。他並不是死者家屬，也不確定是否為火葬場員工，但他聲稱這筆費用是「必要支付」且是貢獻給偉大的神（濕婆神）。

他收了錢後就領著我穿梭在木堆群，左曲右回，這是很不尋常的體驗，我冒著汗，但不確定是大火造成的，還是冷汗？

過了幾天再過去看，換了個人來收錢，價格也急漲至五百盧比，正當猶豫之時，上次那個印度人認出了我，趕緊靠過來把眼前這位推開，嘴裏說著類似「這是我的客人」的話。還是一百盧比，我付了錢，但沒有進去，只是遠遠地看著。

　　煙霧隨風飄竄，階梯依然坐滿了人，沒有太多人哭泣，他們只是望著火焰，再次漫長地等待，直到剩下灰燼。

　　「你們不害怕死亡嗎？」我問他。

　　「怕啊，但聰明的人，想的是對死亡賦予新的意義，而不是逃避死亡。我們相信，下一世會更好的。」

　　那晚又下起了大雨，夜祭的火苗澆熄了又點上，信徒與圍觀群眾想躲卻無處可躲，只得繼續站著。

　　在回青旅的路上，隨著雨勢增強，城市大型戲水池再次出現。我看著混濁的水裡混著人與牲畜的排泄物，還有什麼也在裡面就不敢繼續往下想了。

　　大雨過後，一切恢復原狀，就像踩到「回到起點」的觸發格子。黑煙再次緩緩升起，祭師準備著晚上的活動，恆河繼續照顧著印度人，從早晨的洗漱開始。至於洪水，「一年也就那麼十幾次，撐過就好了。」青旅的員工說著。

　　這或許就是這個城市大部分人的態度，以及為什麼都沒有變化的原因吧！

　　大雨過後，趁著天氣晴朗，買了張火車票，離開這個奇幻的聖城，繼續我的旅行。

約定的終點——菩提迦耶 Bodh Gaya

「你們現在還爬上車頂嗎？」

「沒有，那太危險了。」

任何來訪印度的背包客都會把搭乘第三等（3A 或 SL）火車當作是一種挑戰與冒險，小小的空間裡擠了六張床，一邊三個，分上中下。白天的時候，中間床會折下變成椅背，晚上要睡覺時才會再組裝起來。這是一種有趣的體驗，至少是在台灣沒有的經驗。

從瓦拉納西到加雅（Gaya）的標準車程時間是四個小時半，但最後還是花了一倍以上的時間才抵達。

菩提迦耶（Bodh Gaya）是釋迦牟尼成道的地方，相傳佛陀就是在菩提迦耶的摩訶菩提寺裡的一棵菩提樹下悟道，而現存寺內的菩提樹都是其後代。

菩提迦耶同時也是佛教四大聖地之一，其它三個分別為：尼泊爾的藍毗尼（佛陀出生地）、印度的鹿野苑（佛陀第一次講道的地方）與拘尸那迦（佛陀涅槃處）。

在來到加雅之前，我已經去過藍毗尼並在韓國寺廟住了一陣子，爾後也拜訪過鹿野苑。對我來說，菩提迦耶是我與奶奶約定的終點。

帶著奶奶環遊世界是我的夢想，而印度是必須走訪的國度。

自我有意識以來，奶奶就是個虔誠的佛教徒，每天早晚都要誦經。還記得每一次的經文結束後，她都會將所有子孫的名字唸一遍，然後祈求佛祖保佑我們。對於我們這種大家庭（奶奶生了十個，且各自也都有孩子），要記住每一個人的名字真的不容易，何況還是一個高齡九十幾歲的老人。

退伍後，我與奶奶住在一起，沒事就陪著她看電視。平時的閒聊我最喜歡問她日本統治時期以及二戰期間當時的生存環境狀況。偶爾我們也會聊到國外旅遊的話題，她這輩子沒出過國，光是台中就幾乎沒怎麼離開過。好在有電視，讓她坐在家裡也能知曉國外，看久了，自然也會心生嚮往，想著若能親自去看看該有多好？

「我太老了，這輩子是不可能去這些地方了。」九十四歲的奶奶看著電視說著。

「我帶妳去吧！」

「好啊，等我身體好點的時候……」

「那妳最想去哪一個國家？」

「嗯……印度吧，我滿想去看看佛陀待過的地方……」

「我們會去的，我會帶妳去，我們約好了……」

　　約定後的兩年，也就是奶奶九十六歲那年，再正常不過的一天下午，她吃過午餐，休息著。奶奶習慣靠在椅子上閉目養神，那天也是如此，但沒有像以往那樣醒來，她在睡夢中離開了。

　　隔天喪禮會場已布置好，因為是高齡仙逝，所以特地用了粉紅色的帷幕。我點了幾炷香，跪在奶奶旁。

「阿嬤，我們出發吧。」

　　火車緩緩開進加雅火車站，這比表定時間慢了好幾個小時（這就是印度）。出站後，我隨便找了一間旅館住下。

這個城市讓我找到了刻板印象中的印度，那就是車頂上載著人，但不是火車，是公車。

除了菩提迦耶外，唐玄奘的母校那爛陀寺也是我想拜訪的地方。根據記載，他在這裡待了好幾年學習佛法。

我從加雅的巴士站出發，由於是首站，人倒還沒有太多，但隨著時間過去，車上已擠滿了人，即便每一站都會有下車，但又立刻填滿，直到再也裝不下任何人，於是有些人就開始往上爬。直覺告訴我，千萬別上去。

直到今日，那爛陀寺給我的印象還沒有車頂上那群人來得深呢！

唐玄奘的母校，已成遺跡的那爛陀寺。

來生不做印度人

背包客不像觀光客那樣只是「走過」，而是試圖「走進」故事。

我與朋友驅車前往摩訶菩提寺，在這裡我們遇到了一個小沙彌。他熟稔地介紹著寺廟歷史與他自己的故事。當我們經過菩提樹時，他拾起掉落在地面的菩提葉，並放在我們手上。

「它帶來祥和與平安。」小沙彌說著：「如果你們還有時間，我可以帶你們去另一個地方。」

他在路邊攔了一台嘟嘟車，帶著我們往更偏遠的方向。

車子停在一座山下，山頂依稀可見一幢建築物。小沙彌領著我們往上走，沿途不少信徒也向著同一個方向前進。建築內部是佛堂，供著一尊佛像，房子旁邊還有個山洞，裡面是另一尊小佛像。

我們席地而坐，小沙彌對著佛像拜著，我突然想起奶奶曾經說過，想聽聽用梵文唸的佛經，於是我請求小沙彌為我奶奶唸一段經文。

「當然可以，但相對地，我希望您也可以答應我一件事情，好嗎？」

204

偏遠村落裡的小孩子。

「好，只要我能做到……」我猜想著，也許他會收錢，也許會從我身上拿走一樣東西，但想到可以讓奶奶聽一段佛經，一切都是值得的。

我將奶奶的照片依靠著石頭，面朝佛像。小沙彌坐在對面，朝著我們。

整個山洞環繞著小沙彌的聲音，我們眼睛閉上，盤腿而坐。雖然我聽不懂梵文，但我感受到一股安定的力量，我想，奶奶應該也感受到了。這讓我想起與奶奶相處的日子，想起她與我聊天的聲音，還有她聽我說著好玩事情時的笑容。

我真的很想念妳…… 奶奶……

「你需要我為你做什麼？」結束後，我問小沙彌。

「我希望你們可以捐一些米給一個小村莊，他們得不到政府的補助，村裡的大人沒有穩定的工作，小孩只能上街乞討。」小沙彌說著。

我們搭上嘟嘟車來到附近的市集，並在米店買了一大袋米，然後再次前往更遙遠的地方。

此時的路已不成路，滿地泥沙，掀起層層泥浪，路面也未曾平坦過，坑坑疤疤，車子只能緩緩駛進坑洞，再緩緩爬出。這肯定是我這輩子見過最糟糕的路了。

眼前的風景從荒涼到淒涼，開始出現一些矮房，我們這是進入村莊了。

車開得慢，但引擎聲是響亮的，這引來了很多眼珠子，直勾勾地望著我們。只見一個接一個小孩從巷弄裡鑽出，追著我們大喊，有的甚至抓到了車後面的圍欄，一蹬就跳了上來，他們是雀躍的。

車子停在一顆大菩提樹下，我想這應該是村裡最大的樹。此時周圍已經有十幾位小孩，小沙彌向他們說了些話，沒多久，他們各自散開，消失在我們眼前。正當

我們疑惑時，遠處傳來鬧哄哄，是那群孩子跑了回來，但手上多了東西，是鍋子。

這時我才發現他們大多沒有穿鞋，衣服好像鍍上一層厚厚的泥沙，臉上也是，手腳亦是如此。

小沙彌指示他們排好隊，然後請我們把米袋揭開，雙手捧著米放入他們帶來的鍋子。有的小孩沒有鍋子，就直接將衣服脫下當作容器，而女孩子則用裙襬接住。

「最後一點留給長老吧！」小沙彌把剩餘的連同米袋交給了一位長者。

「我們應該多買一些來的。」我有點後悔只帶一袋米，雖然小沙彌也就只要求一袋，但如果知道會是這樣，我願意多買一些。

「一袋就夠了，遠水救不了近火，像這樣的村莊還有很多，他們真正需要的是政府的幫助。但偶爾這樣的善舉，對他們來說，還是很重要，表示他們沒有被遺忘……」

我們在生物鏈的頂端，他們卻在人群的底端。破舊的房子牆壁，如同他們破碎的心靈，等著有天政府會發現他們，並且給予適當的援助，但這一切都是未知數，也許政府根本不記得他們了。

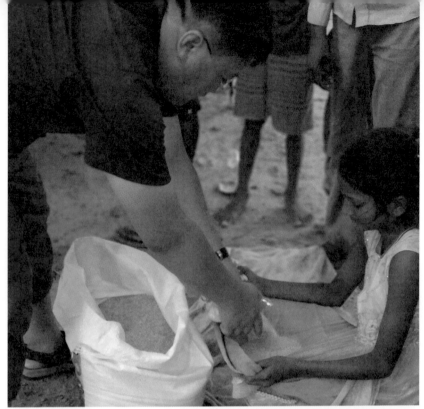

上圖：小女孩用裙襬捧著白米。
下圖：村民聚集在菩提樹下等待著白米的發放。那天，大家都開心，不論
是他們，還是我們。

小沙彌陪我們回到了加雅。

「請幫我把這裡的事情說給更多人知道，有愈多的人到來，我們就愈有可能被政府看到……」

回來的路上我想著抵達印度的第一天，在邊境的巴士站裡，K 問我的話。

「如果有來生，來生不做印度人。」

楊迷斯

與阿嬤約好一起環遊世界，在阿嬤離世後，帶著阿嬤的照片開啟一個人的旅程。
尼泊爾與印度的兩次偶遇，與現在的太太促成了一段姻緣。從獨自旅行，到娶妻生子後的三人旅居，至今仍在喜歡的道路上勇敢前行。

f 人在江湖飄 迷斯&依藍

10

徒步去旅行

劉又誠｜32歲｜2017-2020｜中國

China

選擇X無悔

去一趟中國只參加三天兩夜的活動，這樣也太浪費機票錢了吧！？

不然搭青藏鐵路去吧！反正沒去過！

轉過身後，我在臉書上輸入：「我要從上海走路走去西藏。」

幾個月前在台北車站外的我，向世界發出了要從上海走到西藏的宣言。此時此刻，我正揹著二十公斤左右的背包，氣喘吁吁地卡在西藏省芒康縣覺巴山 45 度角的山壁間，琢磨著該如何選擇更佳的路線往上，畢竟七姐已經領先我很多的距離了。

其實徒步旅行在中國大陸有不少人在做這樣的事情，而七姐就是從雲南遇到要走去西藏的重慶女生。

「趕快來救我！」七姐發出呼救。

她在我右上方進退不得，本來因為七姐衝在前面，所以我一開始就不打算要好好研究這條路線，反正就照著她的大方向走，套用《頭文字D》裡面說的：「對方是車，我也是車，只要他過得了我也過得了。」但沒想到此時此刻她拋錨在山壁上了。

　　顯然地，這條並不是公路，如果順著公路要繞一大圈，我們懶得走大圈，於是聽了當地人的建議，並且參考了別人的登山軌跡來「雙重確認」，討論後決定「截彎取直」才出現的路線。但我們忽略了覺巴山是 318 川藏公路最難爬、最費時的一座山，因為位於橫斷山脈，從竹卡村到登巴村的三十公里路程就有兩千公尺的高度落差，決定走捷徑切西瓜的我們面臨到的坡度可想而知。

　　但我沒有時間慢慢讚嘆這座山了。冷靜！我要冷靜！在 45 度坡順勢而上望去，原本山壁下方的大石塊到我這裡已經變成小石塊，而七姐所在的位置看上去已經是沒有碎石的山壁，且越是往上就越陡峭，最後是 90 度角的山壁，尚未到達山壁的她似乎還能堅持一下。

　　我大聲問：「妳那條路線有辦法往右嗎？」我希望她能平安，也好讓我另謀出路。

　　「不行，完全動彈不得，趕快來救我！！！」

　　「天啊！我要拿什麼去救？」我在心裡暗暗問道。

　　看來就是趕快到最上方的公路求救了！

　　公路上真的會有人救我們嗎？會有人經過嗎？這一百萬個問題恐怕已經不重要了，畢竟要爬上公路才會知道，瞬間我的腦海中出現兩個選項：

第一，下山找原本在 APP 上的山徑，雖然我並不確定山徑是否存在。

第二，沿著山壁直接爬上去。但是高度越高山壁就越陡峭，我們不確定是否能順利爬上去。

第一個選項是有風險的，要是沒有這條山徑，或者路途過於遙遠，導致我花過多時間探索，會大大提高風險指數，而且七姐看不到我會更慌張吧！

第二個選項的路線非常危險，但七姐看得到我，不會感覺孤單或被遺棄，這也代表我最終要「徒手攀岩」才能通過 90 度的岩壁上到公路，想到電影裡的可是真真正正的攀岩專家，而我什麼都不會。

「快點啦！我快沒力了！」七姐催促著。

於是我把背包放在山坡上，四肢並用開始往上爬，我必須兼顧速度，也同時確保每一步的攀爬是安全的，我很用力地抓著岩石輔助身體，以利抵抗隨著高度越高坡度越陡的山壁。

但真的很痛：「啊～啊～啊～～～」手指疼痛的我吶喊著！

「不要再叫了！！！趕快來救我！！！」七姐沒好氣地命令著。

　　X 的！她真的明白我已經拚盡全力、用最短的時間讓血肉之軀握緊岩石快速上升了嗎？我沒有時間讓上一波疼痛感褪去，就得再一次赤手握住佈滿稜角的岩石。這樣的催促讓我有點不高興了！但是沒有辦法，當下的我只能這樣做才能以最快的速度爬到公路上。

圈圈處是被我放置山腰間的背包，由此可知那個斜度最後有多麼陡峭。

當我爬到與七姐一樣高的地方時，看見她所處的位置是在山壁凹陷處，怪不得她左右都無法移動，畢竟爬出凹陷處就等同於把身體懸空於山壁上。但是想當然爾我也沒辦法往她的方向移動。

　　「我在這裡。」說完後我繼續往上移動。

　　不過我沒想到的是：90 度的山壁上是夯住公路護欄的水泥，如果沒有適合施力的抓點，我根本沒有辦法往上。雖然可以往左邊移動，但那是山壁凸起處，如果我在那裡一個不小心失足，連滾都不用滾，直接墜落N層地面。

　　我的高度超越七姐後，我也不忘呼救，畢竟我離柏油路越來越近了，無奈沒有人回應，而細胞也無暇感到失望，開始分工合作推進肌肉組織。隨著血液的注入，我的身體開始往左邊偏移，往那一失足就前往另一個世界的「奇點」移動。我幾乎忘了呼吸，害怕因為呼吸起伏得太用力，導致身體離岩壁太遠。我不再為了手指的疼痛而大呼小叫，因為將雲朵推到這個山頭的風已幫我溫柔地「惜惜」，能感受到的，只有這副身軀不停地震動，可能是因為與恐懼共鳴，也或許是因為第一次徒手攀岩就上手的興奮感。

　　這時我的左手摸到了一塊比手掌還長的石頭，貪生怕死的雷達瞬間警鈴大作，一股不對勁的感覺從腹部襲來，看了看周圍，這是最好的手點，只要左手以這顆岩石為支撐，也許下一個動作我的右手便能摸到公路，並且把身體支撐起來翻滾到柏油路上，我也就安全了。

　　可是我的直覺告訴我不能倚靠這塊大小沉穩的岩石，正所謂「苦難都是包裝過的禮物」，我的左手開始拆開看似穩重卻暗藏玄機的包裝紙，單手用力握著石頭左右搖動，果然不出幾下石頭就開始鬆動，如果我剛剛以它為支撐點，我可能就會跟它一起墜落。我不斷地用手晃動它，幾秒不到的時間，我將身體以及另外三個支點貼近岩壁，把不穩的石頭奮力抽出，放手後視線隨著石頭下墜，欣賞了它的高空旅行，似乎好段時間才聽到它「喀啦」一聲平安落地。與此同時，我的身體更是瑟瑟發抖，似乎本能地知道：「如果我也這樣下去，就不是落地平安了，到底為什麼要往下看啊？我是白癡！」

　　讚嘆自己愚蠢之餘，回到拆完包裝紙的禮物，我得到一個挺深的凹洞，感覺非常穩固，我將左手伸入洞內當作回到柏油路上的前哨站，按照原本的計畫，把右手按在公路上，隨即左手跟上，雙手將身體撐起，雙腳懸空地把自己上半身往前一送，這時我的鼻尖聞到柏油路的味道……

為什麼我會選擇有可能把命丟掉的路線呢？

「起碼這是我的選擇，而我願意承擔後果，如果真的掉下山崖我也無怨無悔。想想有多少人在死前無法順著自己的心意？這麼一想覺得自己很帥！」

自保X安放

「我的寶特瓶第二次一早起床不見了。」我在社交軟體上發文。

「大概被撿回收的大爺大媽撿走了吧！」中國朋友分析著。

「是被偷了吧！它在我背包上不翼而飛耶！」我無奈地敲出這幾個字。

我從上海出發的時候，有不少朋友都說：「小心腎臟會被割掉。」多年前的傳說現在聽起來就像是玩笑話，畢竟中國現在是全世界第二大的經濟體，撇除這種月暈效應，好歹這個國家已經發展這麼久了，這樣的事情應該是微乎其微的（吧）！

話雖如此，我在睡覺這件事情上依舊是小心翼翼。

由於有了第一趟從墨爾本徒步到雪梨的經驗，讓我知道即使在不可隨地搭帳篷的澳洲，還是有通人情的灰色地帶（或者是根本沒這麼嚴重）。隨著在澳洲與中國大陸走一萬兩千公里的經驗，對於徒步旅行中找安全的睡覺地點有一些心得：

1. 隱藏好自己：

在上海整備的時候，當地朋友左一句城管、右一句城管，彷彿遇到城管就天塌了。事實證明他們有些還挺熱心，指路什麼的都挺詳盡，而且下班後也不太管事；但我不喜歡被過度關注，因為如果太多人知道這裡睡一個外地人，無疑增加被下手的風險，天曉得我睡熟之後來的人是誰？所以我通常會找比較不會「被直接看見」的地方，舉凡公園、工地、商場外圍。並且在避開人潮攜往的時候睡下，隔天一早也不會有人知道昨晚這裡睡了一個人，算是把無痕山林的概念帶入了城市。

2. 聽從內心的聲音，相信自己的選擇：

由於我在上海出發的時候，就打定主意要徒步走去西藏，除非遇到緊急事件，否則我不考慮坐車。

這導致一個問題：不一定有辦法每天都走到一個村落，而有時也因為我到校園演講的時間安排，想每天多走一點路，導致剛好與村落擦身而過。

所以分辨村落外適合睡覺的地點也是一個重要課題，說起來也神奇，我總是能在夜幕低垂時找到落腳之處。常常在早上起床開啟旅程時，邊走邊觀察周遭環境，並發現前一晚做了最好的選擇，如果繼續執迷不悟地趕路，可能會將自己暴露在危險之中。

除了路旁空地，我也曾睡過公廁、垃圾掩埋場，睡在那些當下最棒的選擇，算是一種幸運嗎？其實我不完全這麼認為，因為我一直思考著「什麼是我能控制的」，還有因為我總能「感受」到這個地點是不是讓我感覺安全──當我恐懼時我用腦，當我徬徨時我聽從內心的聲音。

3. 互利共好：

隨著我到甘肅、寧夏、青海這些風景優美卻人煙稀少的地方，常常會出現一整條路只有餐廳沒有其他聚落的情況，這時我會把腦子動到這些餐廳上。吃飯時順便充電、裝水，同時也述說著我的故事。並非求收留，因為我並不想要麻煩任何人，就算對方不覺得麻煩。通常在吃完晚餐後，我會詢問是否可以在餐廳外的走廊或停車空地讓我睡一晚。不僅方便隔天買早餐，而且在私人土地上過夜還是比較安全的。

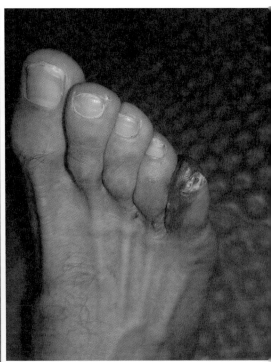

左圖：常常睡在奇怪地方的我。
右圖：走到流血的腳。

謝謝願意再相信旅人的好心人。

而在這麼多睡覺故事中，最令我念念不忘的是從山西走往福建路上遇見的大哥。

「大哥早！謝謝你昨晚讓我留宿在這裡。」我感謝道。

「劉小弟，早啊！來吃早餐。」他說。

「大哥您真是熱心善良，一定是有福之人。」我發自內心這麼覺得。

「其實我好多年前也接待過一個徒步旅行的人。」

「喔？」其實我並不意外，可能是量子糾纏，通常接待過一個旅人，很容易就會有第二個，神奇的是大家都剛好去同一間餐廳，而這些接待者久而久之就會變成樞紐，替旅人們交換一些很酷的資訊或故事。

「不過他把我父親和我們村子的人騙了，那時候他跟我父親說我們是拜把兄弟，還跟村子裡的人要盤纏回家。」

「咦？！」聽到這裡我非常驚訝，驚訝的不是他發生過這樣的事情，而是在這個糟糕的經驗之後，居然還堅持邀請我回家住。

時間回到昨天晚上。

「謝謝老闆，等等我在外面搭帳棚喔！」語畢，我便走向戶外掏出睡覺裝備──地墊、睡袋還有露宿袋。

「你要睡在這裡？今晚會很冷喔！」一位在餐廳用餐的中年男人說道。

「沒關係，我從上海一路這樣睡過來，習慣了。」我回答。

「我以為你有帳棚耶！你這樣不行，去我家吧！」

「真的沒關係，我不想要打擾別人。」我繼續推辭。

「今晚氣溫會降到零度，不然睡在我家柴房就不打擾，你看行不？」他盛情地說道。

於是我跟著大哥回到了他家的柴房。

我們靠所賺取的維持生活，我們靠所付出的創造人生。昨晚，我把生命安放在了他的柴房，他把對這萍水相逢的信任與光明，安放了在我身上，這樣的幸運，我們沒有讓彼此失望。

尋找 X 給予

「同學們有什麼提問想要問的？關於我的旅行或是關於你的事情。」

「老師！請問我爸就是覺得我沒辦法達成我的目標，我該……」

那晚我在銀幕上敲下「我要從上海走去西藏」之後，也表示希望能在旅程中到「校園做分享」。上一回在澳洲徒步旅行時，受到許多人的照顧，但我因為時間的關係沒有辦法回饋，而這次在中國大陸，我心想：「既然我不趕時間，有沒有可能藉由這趟旅程，散播一些正能量，讓這些地方因為我而變得更好？」

於是我把腦袋動到了校園，我曾在台灣校園與企業社團做演講，從這個方向可能會比較容易切入。雖然人生地不熟，我依舊在臉書上許下了這個願望，也許可以藉由共同好友轉介紹，讓我進到校園裡做分享。不求成為改變人生的一顆螺絲，只求掀起一些漣漪，讓聽眾對外在世界多一些想像。

這個願望實現了，我在中國大陸前前後後做了幾十場的校園巡講，而其中最讓我印象深刻的是石家莊。

石家莊第九中學是一個充滿升學競爭力的學校，傍晚一進到校門的時候，看到學生都拿著書本在校園各處唸書甚至朗誦。而校方也很聰明，雖然我是代表「新華愛心教育基金會」當志工來探訪受助的學生，但校方也想藉這樣的機會讓更多學生聽到我的分享。這樣人盡其才的校園非常符合我的口味，我也希望能透過走路這一件平凡的事情，來鼓勵更多學生，讓他們相信自己也可以完成想做的事。於是除了受資助的學生之外，現場也來了很多其他班級的學生，做完分享後，其中一位同學問到她不被父親認可夢想的事情。

　　「妳先說一下妳以後想做什麼？」在她的問句結束前我打斷了她，因為她快哭了，我心想：是要跟我一樣從事藝術工作嗎？

　　「老師！我想當下一任中華人民共和國外交部女發言人。」

　　語畢，全場數百位的學生自發地熱烈掌聲。

　　「我想，大家已經告訴妳答案了。」

上圖：到校演講。

下圖：從沒想到走路都能上報紙。

中華人民共和國外交部女發言人，多麼明確的目標，為什麼她的父親會嗤之以鼻呢？我想是普遍的父母都會期待孩子可以過得更好，但同時也害怕變得更好的孩子脫離了自己可控範圍，在答不出孩子課本上的第一個題目的瞬間，那種害怕無法掌控自己孩子的不安情緒油然而生。為什麼會這樣子呢？我猜因為我們牙牙學語在探尋這個世界的時候，害怕我們滿地亂爬受傷，而他們連結到了那時候無法掌控我們而產生的不安。

我覺得若是發現我們無法掌控世界局勢，那就好好放鬆地順應這段「水流」吧！盡可能打開自己的感官，也許能被這段流帶往某處當中，創造出自己的答案。

多年前一個突然的念頭，讓我開始了徒步旅行，當時我也不知到最後變成邊旅行邊到校園演講的「抱負性旅行」。只要相信：「自己的存在有其價值」，哪怕是青少年時徬徨的自己，也可以給這個世界溫暖的掌聲。

劉 又 誠

魔術行者，從大學時代開始出道進行魔術表演相關工作，2016年申請打工度假簽證去了澳洲，因為室友沒有一起騎腳踏車去雪梨，所以有了從墨爾本走路去雪梨的想法，同年底又再從上海走路至西藏，第三趟原本想要從北京走路橫跨歐亞大陸，但因為疫情關係回到台灣。

f 劉又誠魔術工作室 LYCmagic
f MagicWalker 魔術行者

11

還 有 自 己

遇見，四國遍路的你們⋯

展展｜34歲｜2017｜日本

Japan

一個出發的理由
只要你願意，隨時都是準備好的狀態

　　每個人都喜歡旅行，但你是否想過出發的理由呢？

　　2016 年底，一場名為「遍路：1200 公里四國徒步記」的講座，引領我認識了這條千年的巡禮之路——「四國遍路 Shikoku Henro」。講座後，我翻開同名著作，書中一句話給了我一個重擊——

　　「重要的，不是我要去哪裡，而是我願意走出去，不管是哪裡。」

　　「就是這個」，突然間全身起雞皮疙瘩，一種莫名的感動推促著我說，現在不出發還要等什麼時候呢？我開始興奮起來，是時候出發了，現在不出發，我可能也就會繼續這樣茫然下去，這樣一如往常地生活著。

　　可能是終於找到了一個真心喜歡的目的地與旅行模式，我給自己訂下一個目標，在未來一年之內，我要踏上四國的土地，前往遍路，完成屬於自己人生中的第一場長途旅行。於是我開始計劃行程，蒐集更多資訊，一頭栽進了前往「四國遍路徒步旅行」的世界裡。好久沒有感受到自己內心這樣地充滿熱情，那種心中燃燒的火花產生了許多正向能量，支持著我不斷往這個目標靠近，因為我知道，距離出發的那天，不遠了。

金剛杖、背包、睡袋、睡墊、小包包，全副武裝！走遍路的第一天，神采奕奕、心情愉悅、充滿興奮，孰不知精彩的考驗還在後頭。

保羅‧科爾賀在《牧羊少年奇幻之旅》中說道：「當你真心渴望某件事，整個宇宙都會聯合起來幫助你完成。（When you want something, all the universe conspires in helping you to achieve it.）」

我深深感受到這段話的真諦。

「心之所向，身之所往」，那些出發前的問題與阻礙，都不再是問題。不是問題突然消失，而是我們變得更積極地去面對，找尋解決方式。內心的憧憬與盼望，變成外在行動力的泉源，讓我更快到達目標，展開這場命定的旅程。

關於四國遍路
追尋弘法大師的足跡

四國是日本四大本土島嶼之一，位於本州西南方，一邊是瀨戶內海、一邊是太平洋。境內由四個縣組成，同時也是遍路中的四個心境的轉換，分別為德島縣（發心的道場）、高知縣（修行的道場）、愛媛縣（菩提的道場）與香川縣（涅槃的道場）。真言宗[1]創始人「弘法大師」曾在四國區域巡錫苦修[2]，而這樣以「環狀式」依序完成四國境內 88 座寺院參拜，即稱之為「四國遍路」。

距離我們的目的地——36 番青龍寺還有十七公里，我拿著新的搭便車手板站在雪蹊寺前，尋找著願意讓我們搭便車的人。大師保佑，有一位媽媽買完菜經過特別停下，並載我們前往，因為她說能遇到遍路者並提供他們搭車的御接待，也是一種緣分。

　　遍路發展至今，巡禮的人不僅限於真言宗信仰者，這一條充滿歷史、文化與天然美景的巡禮之路，吸引了世界各國對於徒步、健行的愛好者。其中，又以徒步的方式最能體驗弘法大師當年巡錫苦修的感受。演變至今，依照每個人的狀態考量，有使用腳踏車、摩托車、開車，甚至是以參與巡禮旅行團的方式完成參拜。

不論你用的是哪一種方式，誠心而為，每一位追尋弘法大師宣揚佛法足跡的人，都可稱之為「遍路者」。穿上象徵遍路者的白衣[3]、手持金剛杖，在四國地區是習以為常的景象，不需要覺得彆扭，這身裝扮會在路上受到大家的關注與協助，是屬於四國地區獨特的文化風情。

搭便車遍路與車遍路之間的故事
遇見搭便車的少年

我與同行夥伴手繪藝術家朱朱和攝影師皇圻一行三人，從第 16 番觀音寺前往第 17 番井戶寺路途中，偶然看到兩個年輕人背上掛著大大的紙牌，寫著「搭便車」三個顯眼漢字。這對我與同伴來說是一種很特別的驚喜，第一次看到居然可以在遍路上搭便車。心想：如果有機會也想嘗試看看。

Note
___

1.真言宗：為日本佛教主要宗派之一，密宗的一種，起源於印度佛教，也可稱之為「東密」。

2.巡錫苦修：錫仗屬比丘十八物之一，是佛門用具與象徵。僧侶持錫杖巡遊諸方，稱為飛錫或巡錫。

3.穿白衣遍路：過去日本人過世入殮都會身穿全白衣褲。古代遍路是一件不安全的事情，可能有生命危險，故踏上遍路者，均會身著白色壽衣，萬一遇到不幸之事往生，過往的人也可以直接將其入土為安。

___

日本少年幫我們寫搭便車的日文翻譯。

　　當天晚上，我們入住了井戶寺的「通夜堂」，這是遍路寺院中很獨特的一種住宿型態，過去主要給法師徹夜誦經休息使用，演變至今，也開放給遍路者作為住宿空間，設備較為簡單，需要在下午四點半至五點去納經所詢問是否有開放，無法預約，且並非每一間寺院都有附設通夜堂，是一種相當特別的住宿體驗。

　　在這裡，我們遇到另一組搭便車的日本大學生，除此之外，他們還搭配滑板車來移動，經過詢問，原來他們的主要目的就是以搭便車來完成四國遍路，但考量可能不是每一站都能順利攔到便車，如果帶著自己的交通工具可以增加行程的順暢度，而滑板車相較於單車更好收納。

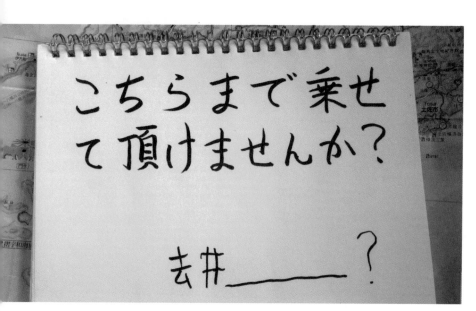

二位日本少年幫我們寫的搭便車手板，上面寫著「可不可以載我一程？」。

　　我們用翻譯軟體交談了一個晚上，他們分享著如何從神奈川一路搭便車到四國，再透過便車一直到這裡的不敗技巧。這一夜的交流，卻在我們往後的旅程，埋下了一顆「搭便車」的種子，進而開出許多與「車遍路人」的故事。

　　隔天一早，我們巧遇了到寺院參拜的一位媽媽，她看到我們從台灣來，特地衝回家中準備了四盒蛋皮壽司，作為我們接下來遍路的乾糧。這種情況，我們稱之為「御接待」，對四國當地人來說，遍路者是為弘法大師的替身，接待遍路者等同於接待大師，並透過所提供的食物或物資，讓其代替自己可以到達札所參拜，完成巡禮。

　　我們與搭便車遍路的少年分享了這個美味的「御接待」後，互道再見，就各自離開。分開前，少年還送了我們大禮，他們把「可不可以載我一程？」翻譯成日文寫在我們的筆記本內，讓我們真正要搭便車時，不會有語言上的阻礙。從來沒想過要搭便車的我們，在他們寫下這段文字後，激起了我們嘗試搭便車的想法。同時少年們也教了我們關鍵技法，可以在寺廟停車場等待並主動搭訕，這樣會大大增加成功率。就這樣，我們一行三個人，繼續踏上我們的四國遍路，並嘗試在路上完成「搭便車遍路」的任務。

遍路上的孤獨者

　　一般認為遍路者大多穿白衣、戴斗笠、拿著金剛杖、身上背著背包與放著巡禮用品的頭陀袋，辛苦地走在路上。但是這一路上我們遇過很多人，好幾位完全看不出來正在遍路，特別是提供給我們搭便車御接待的遍路者。

　　在第 53 番円明寺停車場遇到的井出先生，穿著皮外套與西裝褲，下車時特別換上一雙專為巡禮用的黑皮鞋，沒有常見的白衣或任何遍路識別的裝備。走進寺院亦沒有按照制式的規則巡禮，只是到處走走看看，時而

低頭沈默，時而看著某個方向若有所思。他以車為家，後座打平作為床，一個人開著車，用自己的一套模式，進行著屬於自己的遍路。

起初我們用筆記本上的日文「可不可以載我一程？」去詢問時，井出先生是拒絕的。他當下說了原因，但是我們不懂意思，禮貌地道謝後，就離開去旁邊等待其他的車子。他在一旁看著我們一會兒，又過來請我們到他的車邊，指著他的後座，說：「OK？」喔！這時候我們突然懂了，他雖然開著加大的四人座轎車，但後座變成了睡覺空間，沒有乘客的位置，怕我們不舒服，所以一開始婉拒。

在經過一番比手畫腳之後，我們終於上了車，井出先生還載著我們前往道之驛⁴一起吃午餐，我們要支付費用，沒想到被他搶先一步，被「午餐御接待」了，他說，相遇自是有緣，一切都是大師的安排。

失戀的遍路者

相澤先生是我們在第 43 番明石寺遇見的，當時快要五點了，停車場只剩下一台車，而距離我們的下一站還有好長一段距離，夥伴鼓起勇氣，詢問坐在寺院旁休息的相澤先生，告知對方我們的來由。年輕的相澤先生

也是完全沒有任何遍路的識別裝備，一身潮流皮衣加上黑色牛仔褲，開著高級名車，完全不像是特地來遍路的人。擔任工程師的相澤先生英文很好，所以我們溝通上更加無礙，經過討論後，決定載我們前往有伊予小京都之稱的「大州市」，隔日再前往下一番寺院會更順路。

約莫一小時的車程，聊到了相澤先生的心路歷程，原來他會以這個模樣出現在遍路上是因為失戀了！原本與戀人約好一起出遊，他安排好行程，還開著新車，準備來趟愛之旅，沒想到在出發前一周分手了！晴天霹靂啊！他索性踏上四國遍路的巡禮之路，走到哪算到哪，就當作療傷之旅，剛好在路上巧遇了我們，跟他聊天，抒發了一點心情。

人家說，在旅行路上最容易坦承內心的脆弱，並非純粹聊得來，更多的是因為內心知道：即使哭得花容失色，明天之後分道揚鑣，這輩子也許不會再見，就讓萍水相逢的過客把悲傷與難過一起帶走。

我們與相澤先生相約，有緣的話在第 44 番大寶寺碰面。但是很遺憾的，我們在大寶寺剛好遇到下大雨，等雨停的時間都沒看到他的身影出現。其實內心有另一種欣慰，或許他已經逐漸釋懷，重新找到出發的理由，再次展開屬於自己的旅行了吧！

Note

4.道之驛：為日本公路休息站的稱呼。

大師派江口洋介來載我們了

我們在第 35 番清瀧寺遇見了菅原先生，在東京擔任影像製作相關工作的他，套著一件白衣背心，帥氣的打扮彷彿日劇《迷路的大人》[5] 中的江口洋介，跳出螢幕出現在大家面前。夥伴說，他看起來很年輕，應該會說英文，就前去詢問是否可以讓我們搭便車，沒想到他很爽快地答應了。就這樣，我們一起前往了開車二十分鐘，走路二個多小時才會到的第 36 番青龍寺。

到了寺院我們趕緊完成參拜巡禮，分工合作，有的去拍照片，有的就等車，繼續前往下一站。當我完成參拜，獨自前往停車場尋找願意載我們一程的車遍路者時，發現剛剛滿滿的車子全部都不見了，只剩下唯一一台。

車主遠遠走過來與我四目相接，我們相互點頭，是的，他就是剛剛載我們過來的菅原先生。他緩緩地走近車子，然後又回頭看著我，問我：「還在等嗎？」我說：「是的，沒關係，我們會等到的。」他說：「But no car！」我們二人都笑了出來，這時候，夥伴們也來到停車場，菅原先生問我們，如果不嫌棄他的迷你小車，他願意繼續載我們到下一站。那是開車距離一小時，走路要十二小時才會到的第 37 番岩本寺。

我們稱之為「江口洋介」的菅原先生（中），以及與我同行的二位夥伴：手繪藝術家朱朱（左）、攝影師皇圻（右）。

　　菅原先生由於平時工作壓力很大沒有太多時間外出，聽聞四國遍路許久，這次特別請了一周的假期，自己開車從東京一路到四國，車遍路完成巡禮，也期望帶給自己全新的靈感。高大帥氣又十分貼心的他，身高一百八十多公分，還特地調整了小小的駕駛座，只為了讓後座更寬敞，只為了讓我們三人可以坐得舒適，而他整個人蜷縮起來開車，不但沒有不開心，時不時經過美麗山海景色時，還會緩下速度來說著「Picture、Picture」，示意我們趕快拍照，讓我們留下有別於徒步遍路能遇見的美麗景色。很感謝他在有限的時間內，願意讓我們搭他的便車，也在他的遍路之旅中，佔有那麼一小段回憶。

Note

5.《迷路的大人》：背景為四國遍路的日劇，男主角是知名男星「江口洋介」。踏上遍路的人，幾乎都看過這部影集。

簡單，是人生最極致的幸福

KUMENO 桑夫妻是我們第 28 番大日寺遇到的便車接待者。上車前他們說，如果不介意一直迷路，可以跟他們一起同行，「當然沒問題呀！」我們心裡想著。

一路上看著 KUMENO 桑夫妻合作無間，就算走錯了路也不曾爭吵謾罵對方。先生邊駕車邊看著 GPS 導航系統，太太在副駕駛座看著紙本地圖協助。哪怕總是搞錯了方向導致無法順利到達目的地，兩人還是一起哈哈大笑繼續往前，這是多麼融洽啊！言談間也充滿了對彼此的愛，沒有因為小事而爭吵跟大小聲。

結束第 28 番參拜後，我們還一起用了午餐。用餐時我們聊了接下來的路線即預計要完成的寺院，居然都剛好一樣，他們詢問我們有沒有意願一起車遍路，再把我們載回到住宿的地點。我們欣然接受，同是遍路者，相遇就是有緣，這也算是另類的百年修得同船渡吧！

當我們到達當天的最後一站雪蹊寺時，他倆邊擊掌邊說「The last temple」，並對我們說很開心有機會同行，彷彿一家人一起車遍路，這樣的緣分十分難能可貴。也許這就是「同行二人」[6]的概念吧，我想是大師幻化成 KUMENO 桑夫妻的樣貌來照顧我們的。

KUMENO桑夫妻站在平台上看海的幸福景象。

　　這相片是我這趟旅程最喜歡的，畫面是在第 32 番禪師峰寺平台拍的。一起旅行，累了相依偎著看著海，這樣的情景不就是每一對戀人老了之後，夢寐以求的簡單幸福嗎？在旁看得我們，好生羨慕。

人生即遍路
你的人生觀也會反映在旅行道路上

　　遍路道上常會聽到一句話「人生即遍路」。在空海大師的陪伴之下，我們踏上四國修行的練習曲。四國第22番平等寺的谷口住職[7]曾在線上的演說中說明到，一趟遍路經過「發心：生起追求覺悟的心」、「修行：達成開悟所做的修行」、「菩提：獲得能讓自己開悟的智慧」、「涅槃：藉由上述智慧而進入不生不滅狀態的寂靜境界」四個階段，最後帶著巡禮上所體悟到的精神，回到自己原本身處的環境，並將這些體悟實際運用到「生活當中」，帶著大師的精神持續施行善的行動，也可以說是持續進行著四國遍路，因為大師隨時都在我們的身邊，「同行二人」。

　　如果你問我旅行帶給我的改變，我會說：「改變不是瞬間，而是逐漸發酵的，更重要的是你的心在旅途上打開了多少。」

Note

6.同行二人：走在遍路道上，除了自己之外，空海大師會與之同行，用不同的面貌與方式協助遍路者的一種說法。

7.住職：日本對於寺院主持者的稱謂，中文多稱「住持」、「方丈」。

那些在旅行途中收穫到的，回到日常生活後會逐漸發酵，在某時某刻會突然發現，旅行時所學到的感觸與體悟，居然可以運用到日常生活當中，這就是旅行的延伸。每個人的體悟都不同，只有不斷地學習、持續地旅行，才能繼續成長，看見舒適圈以外的真實世界。而屬於你的人生故事，也就在出發的那一刻，正式開始。

突破框架，實踐屬於自己的遍路

這趟旅程，發生的事情與轉變，收穫到的至今仍影響著我，不論是生活還是工作。直到現在，我依舊感恩這趟旅程所帶給我的一切，所有事情並非只有當下感觸到的。

當我決定踏上四國遍路時，就已經有朋友預約了回來要開一場分享會，雖然感覺榮幸，但我是猶豫的，深怕我這樣非全程徒步的遍路方式會受到質疑，畢竟大部分的人還是覺得徒步是最貼近弘法大師巡錫苦修的原始感受。在某次分享會前，重新打開相本，我如然想起了一位在遍路上遇到的外國教授說的話。他從南非來到日本擔任教職，意外喜歡上徒步遍路，有時間就前往四國。後來因為身體狀況，雙腳無法負荷長期行走，改採大眾運輸工具搭配徒步的方式，除了完成了人生中的幾次遍路之外，並想著：「如果可以有不同的遍路經驗，之後有跟他一樣狀況的人，便能夠將其經驗作為參考，也算功德一件不是嗎？」

在 75 番旁「善根宿」客廳拍下的一景。經營者德子阿姨過去也是遍路愛好者，後來身體出狀況，所以就轉做接待遍路者的善根宿，印象深刻的是一進門第一件事情，德子阿姨就會小心地幫你把金剛杖接過去並放在特別騰出的位置，並細心問候，彷彿回到了家中般溫馨。

　　想起這段話，讓「採取搭便車遍路」心中始終有疙瘩的我，開始放下心中的那塊大石頭，因為從遍路回台灣後，有很長一段時間我還是介意著某些人在網路上意有所指揶揄著自己沒有全徒步的言語。「心無罣礙，無罣礙故，無有恐怖」，此刻才真正了解到這遍路上每天幾乎要念上五、六遍的《般若波羅密多心經》經句所體現的意義。也了解到，很多事情當我決定踏上遍路的那一刻開始，就已經注定會發生，等著我去接受挑戰，並從中獲得些什麼。隨著遍路的結束，到現在經過多年，每次回過頭再看這件事情，除了更加肯定當時的自己所下的決定，也更相信一切都是「弘法大師」的安排。

　　有時候偏離了原本要前往的道路或目標，走向另一個方向也不全然是不好的，而且都已經走了，就不需要執著在「如果那時候可以……」的框架裡，放開心胸去好好體驗當下所擁有的、所看到的、所發生的。過去的我們既無法回頭，也無法知道其好壞，既然如此，何必再去懊悔、去遺憾，享受當下、活在當下，繼續往前就好。

　　我自信地告訴自己，這趟旅程，不是為了別人而走，而是為了自己而走，我接受了路上的一切指引，感受這些指引所帶給我的所有收穫與體驗。旅行路上所遇到的每一件事情，都會成為我們生命中的養分，並持續支持著自己不再受到框架限制，化為勇於追求目標的力量。

展 展

「Sofa Story, 旅行講堂」負責人，因為聽了一場旅行講座後，喜歡上「講座」這件事情，並著手承辦超過 300 場旅行類講座。而人生中的第一趟旅行——「四國遍路」讓他從聽故事的人，變成創造故事的人，最後變成說故事的人。

f **Chan Chan's Travel Story**

12

繞了半個地球，

找一條回家的路

張蘊之｜44歲｜1979 至今｜他方

Elsewhere

橫在馬路上方的街招曾經是香港特色，而今正快速消失。

「你從哪裡來？（Where are you from?）」

這是旅途中，最常被問到的一句話。一開始會反射性地回答「台灣」，但接著來的提問往往令人難以招架：「你認為台灣是個獨立的國家嗎？」、「你對中國共產制度的想法是什麼？」、「你認為台灣式的民主適合華人嗎？」

這些涉及台灣國際地位的提問，折射出「台灣」在各國媒體中被呈現的形象。用這類話題「破冰」實在不容易，一方面這些問題很複雜，二方面我的英文語彙沒有豐富到足以精準表達。

然而，其他問題往往更難回答：「台灣和泰國哪裡不一樣？」、「台灣的傳統文化是什麼樣的？有哪些代表性的宗教或儀式嗎？」、「台灣的食物有哪些特色？」「為什麼我遇到的台灣人都只知道工作？」、「台灣除了普通話（Mandarin），有自己的語言嗎？」

雖然只是和陌生人閒聊，每一次對話卻都像是靈魂考驗。後來，我乾脆回答「香港」，這個話題比「台灣」簡單多了，全世界都知道香港，以及它所代表的文化符碼，話題很快就可以帶往「點心（dim sum）」[1]、高樓大廈和英國殖民，輕鬆地結束這一回合。

我沒有騙人，我身上的確有兩本護照，一本台灣護照，一本香港護照。

母親的家族在 1940 年代自上海流離至香港，落地生根。小時候，我的寒暑假都是在香港度過，母親口中的「返香港」，將香港定義成我們的歸處，而台灣，只是我們上班上學的地方。

直到有一天，我發現，自己不再是歸人，而是過客。

我在台灣島內，伸長了雙手，撫摸著香港的邊緣。回過頭，卻看不清台灣的輪廓。

Note

1.點心 dim sum：粵語，廣式飲茶中的茶點，如燒賣、蝦餃、腸粉。

在台灣生活，但不認識台灣

中學時，地理課本有短短的幾課台灣地理。那幾課的內容與我太疏離，無論如何都背不起來。爸媽從未談過，電視劇不會提到，從小閱讀的課外讀物也沒有描摹。像是自宇宙中跌落的異星隕石，只看得到外型，無法辨識它的實質。考試時，得在挖空的空白處填上名詞，從北到南的河流、垂直平行的山脈、星羅棋布的離島，除了最長的那條濁水溪、不靠海的南投縣，其他的，我一團迷糊。

十幾歲的年紀，這些地名跟我沒有任何關係，它們只是課本上沒有意義的字彙。

那麼，哪些字彙和我有關呢？地理課本的地圖上，中華民國是一片秋海棠。有一課是廣東省，珠江三角洲的頂端是鮮明的三層圈，上頭標記著廣州，古名番禺。沿著珠江出海口往西南走，一個小小的單圈，上頭標記著開平，那是我的祖籍地。開平附近有一個雙圈，標記著新會，那是奶奶的祖籍地。

珠江口東側的南端是九龍半島，外公外婆家就在那裡，一座叫做香港的城市。課本形容它是「東方明珠」，因為六七暴動[2]的動盪，因為九七回歸[3]的威脅，在這裡生活的家人，升大學時就得負笈異國，在海外開闢自己的人生。

　　亞洲地理的課文中，有一幅中南半島地圖，越南的 S 形的東南側，有一座標記著「胡志明市」的城市，我的父系家族四散全球之前，他們都住在這裡。他們的記憶凍結在 1975 年南北越統一之前，我拿著鉛筆，依照父親的描述，循著北緯十七度線的大略位置，將越南分成兩半。那是我們回不去的越南，「奶奶家」這三個字，永遠不會在我的生命中出現。

　　我很害怕老師點名大家讀自己的作文，其他同學的作文寫過年、清明、中秋，充滿了堂表兄弟姐妹的鄉下回憶，焢窯、烤蕃薯、四合院或三合院，這些我都沒有。傳統節慶的日子，我和妹妹通常都在家裡看港劇，聽著電視機傳來爸媽家族的母語，但我們得看字幕才能完全明白劇中人在說什麼。「在作文中撒謊」這件事我做不到，因為從來沒有經歷過，我連撒謊的材料都沒有。

Note

2.六七暴動：香港左派人士受到文化大革命氣氛感染，1967 年發起對抗英國殖民政府的暴動。

3.九七回歸：1980 年代中共政局趨穩，開始與英國談判香港問題，確認了 1997 年回歸的時間點。

祖籍地廣東開平的騎樓街。因為大量移民下南洋，風格混融的僑鄉建築讓它成為世界文化遺產。

　　我們家在台灣的生活只有三個點：住處、上班上學的地方、公館商圈。1970 年代，公館一帶因為僑生多，開設了台灣最早的越南河粉店和燒臘店，爸媽時常在週末帶我們去「幫襯」[4]，這個習慣一直延續到我十歲左右。

　　我們在台灣生活，但我們落不了地。

Note

4.幫襯：粵語「捧場」的意思。

日久他鄉是故鄉

位於西澳的伯斯（Perth）是澳洲的第三大城，最熱鬧的街區是唐人街，這一區也是 CBD（市中心），彙集了銀行、食肆、各色商鋪。2008 年，我逃離始終無法適應的台灣，漂浪來此，住在市郊的一間背包客棧，那一帶什麼吃的都沒有。落地第二天，我餓著肚子、乘著公車來到唐人街，準備申辦銀行帳號和手機門號，順便填飽空空的胃袋。

伯斯的香港移民不少，銀行只有一位華人行員，就是香港來的，我用廣東話完成了繁複的開戶手續。離開銀行，漫步在充斥著中文招牌的街道上，滿是粥粉麵飯的巨幅照片牆吸引了我的目光，上頭用英文寫著叉燒飯、乾炒牛河等典型的香港餐食，熟悉的家鄉味，讓初來乍到的我安心不少。即使在台灣，也吃不到如此道地的碟頭飯[5]。

那時，在台灣要吃到香港食物並不容易，廣東話更是不通行。聽著餐廳內的工作人員用廣東話對答，走出餐廳，轉個彎就在雜貨鋪買到香港的童年記憶「維他奶」。對我來說，比起台灣，在伯斯反而更有「歸鄉」的感覺。

Note

5.碟頭飯：以盤子裝盛飯、麵的快餐，如叉燒飯、廣州炒麵、星洲炒米，主餐和配菜都裝在一個盤子上，故稱「碟頭飯」，是庶民階層的日常便餐，形式與台灣的排骨飯、炒麵炒飯類似。

當時在背包旅館認識了一批年紀與我相近的台灣背包客，他們盤纏不多，都在拚命找工作。有一天，其中一位朋友很不甘心地跟我說：「妳知道伯斯這裡徵人都在徵懂廣東話的嗎？我們去每一家商店投履歷，對方都只要會講廣東話的人。」

　　我苦笑。

　　長旅漫漫，我沿著澳洲西岸一站站往南探索，來到奧班尼（Albany）。這是一座古老的城鎮，寒風瑟瑟，地曠人稀，英國殖民者在十九世紀初於此登岸，以武力控制原住民，成為這裡的主人。站在岬角向大海眺望，海的另一邊就是南極大陸。有一天在路上散步的時候，一位華人大叔向我搭話，一聽口音就知道他是香港人，我隨即用廣東話與他閒聊。

　　大叔一家是在九七前移民到澳洲的，「移民」是每個香港人終生的課題，我們交換著離家與適應的心路歷程。最後，他叮嚀我，一個人在異國很辛苦，生活上有任何問題都可以去找他，若我決定暫停旅程，他和太太共同經營的餐館，也隨時歡迎我去打工。

　　我開始明白，為什麼同鄉很容易聚居在一起，形成封閉的生活圈。沒有經歷過這些的人會質疑「你為什麼不融入當地？」好像學會講一口澳式英語、跟白人混在一起才是「接地氣」，其實不是這樣的。

上圖：位於堤岸的新街市，是越南華人的商貿中心。
下圖：越南河粉，一定要搭配新鮮的生菜和香草一起吃。

259

人在異鄉，不熟悉當地社會的文化潛規則，也不熟悉法律，很容易吃暗虧，或是發生意外卻求助無門。如果有自己的同族能互相照應，可以減省許多摸索碰壁的冤枉路。短期旅行也許無所謂，但時間拉長到半年、一年，要考慮的事情就很不一樣了。

　　自大英國協獨立之後的澳洲，是一個多元族群社會，雖然過去也實施過「白澳政策」，但澳洲政府一直在修正、開放、道歉。而今的澳洲什麼族群都有，華裔也是影響力強勁的一群人，如果真的有「落地」的需求，在當地建立社群紐帶，對某些人而言是必要的生存之道。

　　我開始思索：到底，什麼是「家」？什麼是「鄉」？是我的出生地嗎？還是我父母的出生地？是否一定要有熟悉又喜歡的食物？還是一個能提供我支持系統的社群？它一定是我的國籍所在地嗎？

我們是一樣的 We are the same

幾年後，我流浪到柬埔寨，在那裡做吳哥古蹟群的田野調查。

新認識的高棉朋友邀我加入他們的「下班後吃喝玩樂團」，請我吃柬式火鍋。席間，他們七嘴八舌拷問我的家世背景，我提到我的父親來自越南西貢，這群新朋友可樂壞了。他們告訴我，柬埔寨與越南關係很密切，兩國人民循著湄公河互通有無，西貢是他們時常往返的地方。

「那妳爸爸什麼時候去台灣的？」

我還真沒想過這個問題，盤算了一下，大概是 1970 年左右，因為我是 1979 年在台灣出生的。

「1975？」高棉朋友全體喊出這個數字。

我詫異地望著他們：「為什麼你們這麼肯定是 1975？」

「1975 年越南戰爭結束，很多華人逃走。」他們指著彼此：「紅色高棉在那個時候佔領金邊，我們都在逃亡，死了很多人。我們有些人就逃去越南，在越南長大。」

語畢，大家心情都沉重起來。

「我們是一樣的。」高棉朋友說。

二十世紀接連不止的戰禍，讓不同族裔的我們，同成倖存者，或是逃難，或是家破人亡。

「留在柬埔寨吧！現在柬埔寨很好，我們一起讓這裡更好！妳在這裡可以教我們怎麼用中文講述高棉的歷史和藝術，我們除了英文，也要學中文、日文、法文、德文、韓文，和全世界溝通。妳在這裡可以幫柬埔寨做很多事情，這裡也可以是妳的家！」

我的高棉朋友常自信滿滿地說服我留下，柬埔寨的經濟正飛速發展，全球產業進駐，眼前的一切都充滿希望。離開？還是留下？每次簽證到期前，我都不知道該怎麼選擇，只好閉上眼睛等待天啟：「神啊，請給我一個指示，告訴我該怎麼辦？」

沒有回應。於是，我跨境前往其他城市，繼續我的田野調查工作；或是買張單程機票，飛回台灣，等待下次上路。

　　隨著走訪的國家越來越多，我發現，東南亞到處都是與我有著類似遭遇的人。有的是清末從廣東、福建「下南洋」，有的是因為戰禍或貿易轉徙流離，家族世代遷居、跨文化結合，繼而散落全球，是再平常不過的事。

　　他們不需要用特定的單一地區來定義自己，如同宗教般；他們坦然接受自己身上的多重文化。

1983 年，與堂姐攝於香港美孚新邨。大伯一家自越南逃到香港後落腳在此，隨即移民美國。

「回家」是一段漫長的旅程

機票有兩種票價，一種是單程機票，一種是來回機票，二者之間的價格相距不大。意思是，買單程機票非常不划算。

但我大部分的旅程，買的都是單程機票。我不知道什麼時候「回程」，每一次起飛，都抱著可能「回不來」的心理準備。

任何變故，都可能讓人滯留在某一處，與出發的那個地方永訣。

就像我的父母，台灣原本只是少年時代一個暫時的落腳點，讀完大學就要離開，不知道下一站在何方，但求是一個安全的地方。因為在台灣遇見彼此，因為原本所屬的國家滅亡，便在此過了半世紀。

曾經，我堅信自己可以回到香港開展人生下半場，找了一份在香港的工作，帶了滿箱書籍，從這座島飛往那座島，再跨過島與島之間的大橋，尋回我戀念不捨的故鄉味，校正我充滿台灣口音的廣東話，擁抱我母系的大家族。

　　回到香港生活半年後，一名三十五歲的青年自金鐘太古廣場的外牆工程鷹架頂端躍下，以死亡諫諍世人，堅守住現在已不可提及的信念。接著是滿街的催淚煙，瀰漫至每家每戶。機場癱瘓，每個關口都有檢查人員搜查人民的手機，確認是否參與反政府運動，如果有，就會被抓起來，人間蒸發。

　　我以為，我可以在我文化上的故鄉建立自己的家園，然而，我自小熟悉的那些文化，包括廉明的法治，正在時代的浪濤中被一步步抹除。

　　每一天出門去上班，都要做足心理準備，在突發的無差別拘捕、鞭笞和水炮車攻擊中受傷，甚至喪命。

　　過去我從來不依賴手機，甚至不需要帶手機出門也沒關係。那幾個月，為了隨時接收路況消息，幾乎二十四小時都得抓緊手機。

　　赤鱲角機場的國際航班一班班取消，通往機場的路成為停車場。這個亞洲轉運重要樞紐近乎停擺，企業加快了撤離香港的進度，香港經濟前景黯淡。

我踩著滿地碎玻璃，經過貼滿便利貼的連儂牆，走進殘留著化學刺激物質的地鐵，上班、下班。手機的訊息通知塞滿桌面，吶喊著罷工、罷課、罷市的呼告聲、工作進度的確認與溝通、提醒避開危險路段的警告、客戶對於一切計畫照常的質疑⋯⋯此起彼落。

　　日漸加劇的混亂中，我提交了辭職信。

　　慢慢地，交接工作、告別親人、告別新舊朋友，告別我不捨的一切，將彼此的情誼打包，一箱箱，用拖車拉去郵局，寄回台灣。買了一張不知道會不會被取消的單程機票，從香港到桃園，我望著確認信上「TPE」的字樣，懷疑自己是否上得了飛機。

　　與戀人告別時，我說，我很快回來，等機場能正常運作的時候，等安檢人員不會強制檢查手機的時候，應該一兩個月後就可以。

　　那一天，我拉著行李，穿過荷槍實彈的員警，他們攔住我。我的心臟跳得極快，不曉得下一秒會發生什麼事。還好，他們只檢查了我的機票，就放我進入航廈。

　　沒多久，新冠肺炎的疫情蔓延，台港之間的交通就此中斷。

謝謝台灣，接住遍體鱗傷的我

飛機在桃園機場降落，機艙內響起台灣民謠「雨夜花」的樂音，迎接來訪的旅客，也撫慰遊子歸來。有過那麼幾年，我很討厭聽到這首曲子，每當樂音響起，表示我得回歸台灣的現實生活，面對不順遂的一切：升學、考試、工作。這一次，我問自己：「落地了嗎？」不是肉身的落地，而是靈魂的落地。

當機艙指示燈熄滅，我開啟手機、連上網路，傳了訊息給爸媽：「我到桃園機場了，順利抵達。」

步出機艙，踏進航廈，眼前的景象平和得不真實。幾個小時前，我還在戰場般的生死鬥中提心吊膽，而這裡，一絲煙硝也無。彷彿夢境，只是不曉得，香港和台灣，哪一處才是夢境？

家人安慰我：「沒事了，回來就好。」

這一次，真的落地了嗎？

爺爺奶奶、外公外婆、爸爸媽媽，還有我和妹妹，在永和家中。

爺爺奶奶隔年移民加拿大，從此我再也沒見過爺爺；外公外婆定居香港，此行來台短訪；妹妹還在媽媽的肚子裡，快出生了。移民家族的每一次的相聚，都可能是最後一次。這應該是外公最後一次見到親家；十年後外公過世，媽媽因為手續辦理不及，趕不上見外公最後一面。

之前曾讀過一篇文章，說越戰的砲火是他的胎教。那麼，五歲以前的我，每天睜開眼看到的、聽到的，都是從哪裡來、到哪裡去。很多人來，更多人離開。爺爺奶奶和其他家人移民之後，台灣剩下我們一家四口。沒多久，因為福和橋塞車實在太嚴重，我們也從這間位於永利路的房子搬離，那是爸爸媽媽在台灣買的第一個家。

　　恍惚三年，我從來沒有在台灣待過這麼長的時間。每一碗安樂茶飯，我都很珍惜。有時，我會忘記自己曾經歷的恐懼與煙硝；更多時候，我為自己的善忘深深負疚。

　　我希望可以真的落地，守住這片家園，免於恐懼。人之所以能夠充滿期待地遠颺，是因為他知道，無論發生什麼事，他都有一處可以回去安歇的家。

　　謝謝台灣。

張 蘊 之

廣播主持人、記者、作家、東南亞文化資產講師，故宮「越南月」、臺灣博物館「百年對話：跨國移動者與藏品的相遇特展」展覽撰述。著有《台灣，世界的答案：加拿大為何會認為台灣很重要？》、《吳哥深度導覽：神廟建築、神話傳說、藝術解析完整版》、《澳洲不思議》等書。

🅵 張蘊之的信風書院

16 歲 的 壯 遊 課

作者	伊娃、Firas、馬雅人、凱西女孩、連掌旭、詹依潔、甲思敏、小象、楊迷斯、劉又誠、展展、張蘊之
社長	林宜澐
總編輯	廖志墭
編輯	楊先妤、楊先婕
封面設計	鄭婷
內頁設計	葉霸子

出版	蔚藍文化出版股份有限公司
地址	110058臺北市信義區基隆路一段167號5樓之1
電話	02-22431897
臉書	https://www.facebook.com/AZUREPUBLISH/
讀者服務信箱	azurebks@gmail.com

總經銷	大和書報圖書股份有限公司
地址	248020新北市新莊區五工五路2號
電話	02-8990-2588

法律顧問	眾律國際法律事務所　著作權律師／范國華律師
電話	02-2759-5585
網站	www.zoomlaw.net

印刷	世和印製企業有限公司
ISBN	978-626-7275-07-8
定價	台幣 450 元
初版一刷	2023年5月
初版二刷	2024年6月

國家圖書館出版品預行編目(CIP)資料

十六歲的壯遊課/伊娃, Firas, 馬雅人, 凱西女孩, 連掌旭, 詹依潔, 甲思敏, 小象, 楊迷斯, 劉又誠, 展展, 張蘊之 合著.
-- 初版. -- 臺北市 : 蔚藍文化出版股份有限公司, 2023.05
272面 ; 21X14.8公分

ISBN 978-626-7275-07-8(平裝)

1.CST: 遊記 2.CST: 旅遊文學 3.CST: 世界地理

719　　112002173